日本の昔話

柳田国男

角川文庫
17790

目次

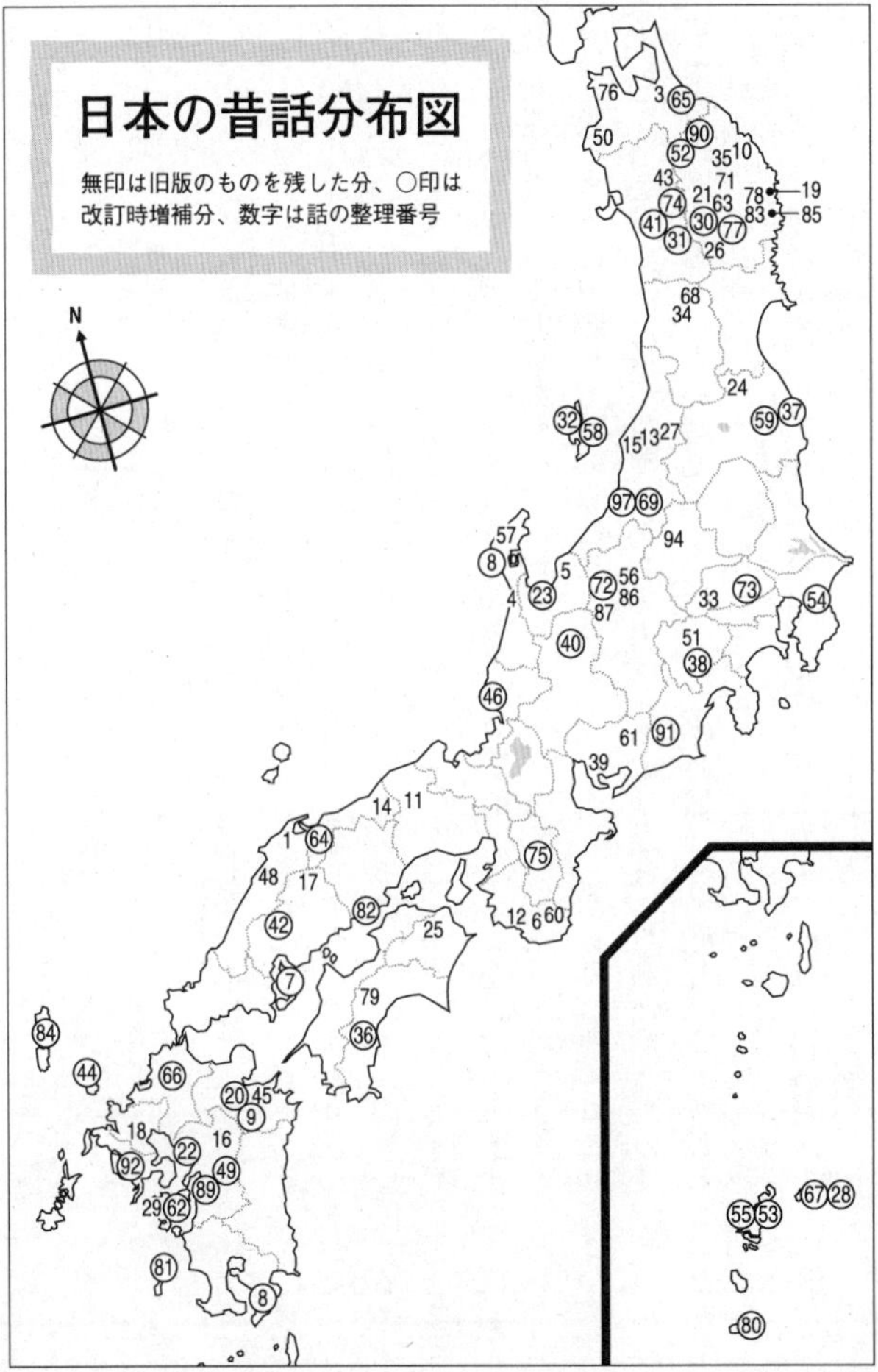

日本の昔話分布図
無印は旧版のものを残した分、○印は
改訂時増補分、数字は話の整理番号
N
76 3 65
50 90
52 35 10
43 71
74 21 63 78 19
41 30 77 83 85
31 26
68
34
24
59 37
32 58
15 13 27
97 69
57
94
8
5
72 56
4 23 86
87
33 73 54
40
51
38
46
61 91
39
14 11
1 64
48 17
75
82
42
25
12 6 60
7
79
84
36
44
66
20 45
9
18 16
22
92 49
89
29 62
67 28
55 53
81
8
80

はじめに

この本の出版を計画しはじめた頃から、我くにの昔話蒐集《しゅうしゅう》事業は急に活気づいてきました。今までいっこうにこういうもののあることをきかなかった地方から、かつて一度も文字の形になって、人に読まれたことのない昔話が、幾つともなく報告せられました。日本が特別にたくさんの説話《せつわ》を保存している国だったということと、人が説話を愛する趣味の遺伝《いでん》は、そうたやすく中断せられるものでないということが、これによって証明せられたのであります。私たちはむろんこの好機会をのがさぬように努めました。会をこしらえて全国の同志者の協力をもとめ、昔話研究の雑誌を出し、また一冊にまとまるほどの昔話集は、できるだけ出版して世につたえようとしました。しかし世の中のこのみがこういう風に向いてこなかったら、我々の熱心も実はもってゆきどころがなかったので、せっかく出しておいたこの『日本の昔話』も、あるいはこの様にまで弘く読まれずにしまったかも知れません。

あらためて著者が皆様に言うことの出来るのは、この中にのせてある昔話の大部分は、いずれも日本国の隅々において、お互いに他の土地にもあるということを知らずに、ほんの少しずつのちがいをもって、おのおのその先祖からきき伝え、記憶し伝えていたものだったということであります。東北地方の話がこの本には多いけれども、あちらにだけあって他にはないというものが、もう今日ではほとんど一つもないという実状であります。今や安心して我々は、これを日本国の昔話だということができるのであります。今までできなかったのは忘れていたためであって、決して自分の土地に昔から、伝わっていなかったからではないということが、今ならばほぼたしかに言えるのであります。ただ永い年月の間には、同じ一つの昔話が土地により家によって、幾分の変化を受けております。もとは一つであったということは容易に認められても、その違ったもののどちらの方が前か、それがまたどういう事情で語りかえられたかということは、そう手短かにはきめることが出来ません。そうしてその点がまた昔話研究の、最も興味の多い部分なのであります。各地の採訪にはこれからも大いに骨を折らなければなりませんが、それにはまたこうした一つの見本帳のような書物が、弘く読まれているということは、非常に好都合なのであります。

あるいは新たにもう一つ、全国を代表した標準昔話集のようなものを、出しておく方がよいとも思いますが、今となってはそれを選《よ》り出すことがかえって困難なのみならず、この一冊の中にもそのほうに加えてよいものがいくつかあるので、これをばらばらにほぐしてしまうのが惜しいのであります。この『日本の昔話』は、年の若い人たちにも読んでもらおうと思って、なるだけ筋の込入《こみい》らない、さっぱりとした話を拾いました。その方針を続けていくとすると、結局はあまりいろいろな新しいものを加えられませんから、まだ当分のうちはこの形のままでおくことにします。これを何度も読んでから後に、もう少し昔話の違ったものを知りたいという人々のためには、新たに計画を立てて、別に詳しい比較をした書物を、出しておきたいと思っております。我々の仲間では数年以前、『昔話《むかしばなし》採集《さいしゅう》手帳《てちょう》』という小冊子を作って、これから昔話を集めてみようという人たちに分配しました。昔話というべきものの範囲、そのうちでも日本にもっとも普通なのはどういう昔話かということを、実例によって説明しておきました。それを標準にするとこの本の中には、やや異なったものが七つ八つまじっております。「乞食の金」とか「拾い過ぎ」とか「山賊の弟」とかいうのがそれでありまして、つまりは古くから伝わった昔話に、何人かが加工《かこう》して実話の形にしたもので、読みものの興味を添えるために入れましたが、これは我々の研究している昔話の外であります。しいて分界をあきらかにする必要もないと私は思いました。目的はまったく古くから伝わった説話には、きいて面白いものが多いということを、若い人たちに知らせるためだったからであります。

柳田国男

はしがき

皆さん。この日本昔話集《にっぽんむかしばなししゅう》のうちに、あなた方が前に一度、おききになった話がいくつかあっても、それは少しも不思議なことではありません。なぜかというと、日本昔話は、昔から代々の日本児童が、常にきいていたお話のことだからであります。

この昔話の大部分は、いまでも日本のどこかの隅で、どこかの家の小さな人たちが、きいている話であります。けれども皆さんが一人で知っておいでになる話は、そうたくさんはないだろうと思います。それはお話をする人が忙しくなって、もうそうはゆっくりといろいろの話をしていられないからであります。だからもしこの本にある話の三分の一、四分の一だけでも、一人で知っている児童があったとすれば、それはその子の家に、よっぽど話の好きなまた上手な、そうして物覚えのよいお祖母《ばあ》さんかお祖父《じい》さん、またはお母さん姉さん叔母さんなどの、子供の心持ちのよくわかる人があったためで、そういうお家は昔からそうたくさんにはありません。もう一度思い出してよくお礼をいう方がいいのです。

次にこの昔話集に書いてある昔話と、自分の覚えている家のお話と、人の名や土地の名、道具や鳥獣《とりけだもの》、歌や言葉、またはことがらの後先などの違っていることがあっても、それもかくべつ不思議なことではないのです。どちらか一方がうそだろうと思ったり、または自分の記憶《きおく》が誤まっているように、思ったりするには及びません。昔話というものは最初から、ほんのわずかな人で一しょにきき、またそのうちでも一人か二人かが、それを後から生れて来た者に、話してきかせることが出来たのであります。作りごとをする必要が少しもないと共に、知らずにまちがえていても、それを直してくれる者はいませんでした。永い年月の間には、村によりまた家庭によって、少しずつ変わってくるのはあたりまえのことであります。同じ一つのお話でも何度も何度も覚えたり思い出したりしているうちには、自然におもしろいと思うところが動いていくのです。そうしてそのおもしろいところだけが特別に詳しく話されるようになって、ほかの残りの部分がおいおいに取れたり落ちたりこわれたりするのであります。

私は日本の昔話を、この小さな一冊の本に集めるために、少しでも変わった珍しいものを探そうとはしませんでした。それよりも、なるだけ全国の多くの児童が、きいて知っているだろうと思うものを拾いました。少なくとも日本国内の遠くはなれた二箇所三箇所で、お互に知らずに話しているようなのを、選んでみようとしたのであります。ただしそういういくつかある話のうちでは、ことに一番昔話らしいもの、すなわち古い形のちっとでも多く残っているものを採るようにいたしました。それから新しい形の最もよく整《ととの》ったものを四つか五つかその中に加えておきました。これが日本の昔話の両端《りょうはし》であります。多分誰が見てもこの古いと新しいとの区別は、すぐに分かるであろうと思います。

なによりも私の愉快に思ったのは、日本全国の何億万人という昔からの子供が、この同じ話をきいて育って来たということであります。それから今でもまだその話を知っている人の少なくないということであります。それがこの本を読んでいるとだんだんにわかるのであります。また面白いことは、まるで同じかと思っている話が、いつの間にか少しは違っていることであります。どこがどう違うかは読んでみればすぐに気がつくでしょう。どうしてこんなに違ってきたか皆さんは大きくなってから、もう一度考えて御覧なさい。

柳田国男

昭和三十五年版の序

久しく国内の若い人たちに愛読せられ、今でもまだちっとも人気の衰えていない『日本の昔話』を、今度のように大規模に改定するということは、実は容易の事業ではなかったのだが、それを承知してもなお実現させたいと、私が念じていたのも永いことであった。年をとってからの世情の激変、これに対処しようと試みたさまざまの苦悶《くもん》の中から、今に今にと心にはかかりつつも、ついこの問題だけはそっとしておく場合が多かったのである。その上になお一つ、今までの同志の中にも、特にこの方向に心を傾けていた者が少なく、または自由にその進路を改める者もあって、新たにこの方面の労作を共にしようという人は得にくかった。だから結局は多くの先進者と共に、ただこの素志の存在と、もしも幸いにそれが実現したならば、これこれの功績を挙げたろうに、という類《たぐい》の予測をもって終わったかもしれない。ところが『日本の昔話』にとって、幸運なことには、丸山[1]・石原[2]の二人の女性が、自分たちも時代[3]の災厄をしたたかに体験しつつも、終始一貫して心をこの問題に傾けられた。しかも老翁の心弱さ、ある時はもう絶望して、昔話の整頓まではとても力が及ばない。これは女性にでもまかせておくがよいのだと、憎らしいことをいってみたり、しかも稀々《まれまれ》にはまた思い返して、今の状態でもし自然の変動にまかせておくと、せっかく永い年代にかけて、世界の全面に拡張し、しかも経路なり変遷なりが跡づけられる文字以前からの「かたりごと」が、粉々《こなごな》になって散乱してしまうのになア、などと愚痴をこぼして萎《しお》れている日もある。この笑ってもよい両面の立場を、女性だけに多分によく理解して、今度は勇気を出してこの難事業を引受けてくれることになったものであろう。今度の改訂版はもちろん終局ではない。できるものならばもっと同志を育てて、日本を一つの研究中心にするところまで進ませてみたい。

小さな本に大きな序文は滑稽《こっけい》だが、ついでに読んでもらいたい人が多くいるから、もう少し書いておきたい。『日本の昔話』が初めて世に出たのはざっと三十年の昔であって、私の学問もそれからやや進んだし、一方にはまた昔話の採集量も大分増加し、もとは本島の北端だけといってもよかったのが、このごろは県市郡のほぼ半分、南は奄美《あまみ》諸島から琉《りゅう》球《きゅう》先島までも伸びている。もちろんその中には詳しいもの略なもの、元の話に忠実な記述、多少は忘れたのや補ったものもまじっているが、もうこれだけあれば大体にある土地だけにあって他では一つも採集せられておらぬものなどは無い。稀にもしあれば珍しい残留で、特に注意をしていると、遠く離れた土地から思いがけず類型を見付けられる楽しみもあり、またにせもの、こしらえものとの見分けは格別むつかしくない。

昔話のハナシという日本語は、たしかにいつからという証明はないが、少なくとも中古以前の文献には見えず、東北方面では今でもカタルをもってこれを表出しているようで、たぶんは『今昔』などの例のごとく、日常の談話もモノガタリであったのが、それを物々《あと》しい語りに限るようになって、次第にハナシという語の用途を必要にしたのであろう。無端事《なしごと》だからハナシだという解などはちっとも信用するに足らぬが、今でも中部以西ではまだ動詞としては使わぬのが普通になっている。考えてみると他の一方の昔話とても、必ずこれを用いたのには意味があったろう。南島の古い神歌にも、しばしば「むかしから、けさしから」という対句があって、現在でないことのみは明らかで、時は少しも確立していない。すなわちわれわれの現在というものからは遠くまたは近く、時の繋がりは説くことのできぬ場合で、それを計量のできぬ過去に置こうとしたのが恐らくは最初からの用法であった。今の世の文芸の習慣とはちがうか知らぬが、求めて捕われない境涯に身を置いて、夢見ようとしたものと私は見ている。それで西洋のいくつもの国で、民話または民間説話と訳してもよい名を使い出しても、おつきあいにその跡を追う気にはならない。いわゆる昔話を数多く聴いて覚えて、孫子や若い者に一度はして聴かせようと思っている老人には通じようがない。ミンワとは何ですかと問うような人たちが、実は日本のもとの形のものを知り、またうそをつかないでそのまま次の代に伝えようとしている。ミンヨウ（民謡）の方だって同じだといわれそうだが、これは文学と同じに真似の上手な若い人が早く覚え、すぐ取次いだり改造するからそうは困らない。われわれの大事な昔話は、もう覚えている人が少なく、この戦乱の間にぐっと減ってしまった。そんなにまで骨を折って、辛うじて村々の隅に残ったものを、無くしてしまわずともよいじゃないか。

今ごろそのようなことをいってももう遅いと、あきらめきっている人はすでに多かろうが、これでもわれわれは少しは働いているのである。ただこの一巻の『日本の昔話』だけが、三十年前のまだ採集の進まなかった時代にこしらえたままであるために、少しく不本意な点が認められるのである。いよいよ種切れになった区域、たとえば小さな島々で若い人たちは急いで外に出《い》で、帰って来たころには話ずきの年寄も世を去って、誰に尋ねようもないところとか、工場や町中の忙しい人ばかり住む区域で、言葉が入交り人の気持がわかりにくく、またそんな世話まではする者が無いという場合は多かろうが、言われて膝《ひざ》を打つまでの人はともかく、にこりとするぐらいの理解者は相応にあると思う。私の思い出の一つは昭和十一年の秋、昔話の採集手帖《てちよう》というものを千部以上こしらえて、これをなるべく分散した地域の小学校に配布してみた。世上によく知られた昔話百種のあらすじを印刷して、その各々の後に若干の白紙を添えて記入に備え、巻頭にはできるだけ簡明に採集者の参考になることを書いた。その手帖による採集の結果を見せて下さるなら、返却する時にまた一部進上します、という意味の手紙を添えた。それに対しては一冊も「はいできました」といっては来なかったが、礼状や受取は多く届き、またその前後よくこれを見た人の消息を受取った。栃木県などはいろいろゆかしい昔話のある地方だが、むしろ完成を期してか、またはただ多忙でか、手帖を返してくれた人はなかった。今ではもう名も覚えぬが、ある山村の校長さんは、家に帰ってから母や妻子と共に炉端でこの手帖を読んで聴かせたことを告げて来た。一時は炉端がしんとして、女たちは大息をついた。そんな話まで聴こうとする人が東京にもあるのかといいましたと書いてよこした。私は当時その手紙を若い人たちに見せて、少し間を置いて行ってみるようにすすめたが、多分はそれっきりになったものと思う。今から考えるとこれもせっかちな方法であった。たとえ全部でなくともせめて三分の一くらいは書かないと、へいできましたと返して来るわけがない。これはあまりにも事務的な、アメリカ人みたいな計画だったと思う。

それは当たり前だよ、そんな計画なんかに乗って来る者が、今時あるものかと批評した人もあったが、今日とはその「今時」が少し違っていたようである。この手帖よりは数年前、『旅と伝説』というよく売れた雑誌に、二回にわたって昔話の特集号を出してもらって、全国の読者からその土地の昔話を募集してみた。その応募者には若干の知人もまじっていて、とにかく一冊の大部分を占めるほどの寄稿が得られ、まだたくさんの不適当なものを残した。昭和六年の第四巻の四号には、「昔話採集の栞《しおり》」という文を添えて、それが本になって今残っているが、この時はこれという意外な経験もなく、むしろ新たなる地方学者の熱意を高め得たと思う。それから三年目の昭和九年十二月号の方には、応募者に新人の顔ぶれもあった代わりに、ちっとも採集でない新作品で、しかも共産主義の教育を念じた民話もまじっていた。かねて風説としては聴いていたが、あるいはその方式には系統があって、こちらにも早すでに入って来たのかと、測らずも大切な経験を得たことであった。文芸にこの程度の活用があっても、それは各人の自由であろうが、われわれの目的はどこまでも史学の探究であるから、昔話を知りたいという者に、虚偽の事柄を教えようとするのは、よくないことだと警戒することにした。そうしてごく近ごろになるまで、こういう文学作品ともいえぬような、目的ある作り話を提供する者が、民話の名をもって流布する場合があったらしいのである。主義や政策を別として、これを民話と呼ぶことは文字の用法にも反する。こういう侵害を警戒するためだけにも、自分らだけは民話という名を避けようとしている。日本の村人たちには、そういう紛らわしい言葉は用いさせたくない理由である。

話が思いの外長たらしくなったが最後にもう二つ、報告しておかねばならぬ事実がある。その一つは私の計画していた『昔話研究』という小さな雑誌、これは昭和十年の五月から丸一年は、『旅と伝説』が引受けて出してくれたが、それから後の一年あまりは、継承した某書院が新店で力が弱く、その雑誌も第二年度までで終わってしまった。私たちの事業は心軽く思い立って、やがてはまた頓挫《とんざ》し、これぞという成果も収め得なかったに反して、一方の『旅と伝説』などは、業主の萩原正徳君[4]が純情に国を懐《おも》い故郷の奄美の島々を愛し続けた故に、内外に多くの友人を得て、昭和三年の初頭から同十八年の終わり近くまで、休まずに雑誌を出しつづけて、いくつとなき未知の領域を開拓して来た。学士院の中村清二先生を始めとし、思いがけない学者方がごく自由な心持ちをもって、自分の旅や感想を書いていられる。私のごときもちっとは押売の嫌いはあるけれども、余裕があれば進んで彼の雑誌のために書き、それが次々とたまって、何冊かの本の分量になっている。それよりも奄美諸島、更に沖縄出身の学徒までが、機会あるごとに故郷の島を談じ、その中には喜界島の岩倉市郎君のごとき、優れたる学徒が世に現れ、もはや新たには作れないいろいろの記録を世に留める因縁を結んでいる。私の昔話研究などは中途半端であるが、なんでもかんでも南北をあわせ考え、これから生れ出る空想を楽しむ癖があるのも、ありようは多くは『旅と伝説』に暗示を受けて、次々と南島の民間伝承、特に島々の昔話を捜しまわったお陰であった。実は私がこの序文の中で説こうと思っていた[6]灰坊太郎の話においても、私が最初特に印象を受けたのは沖永良部島《おきのえらぶじま》の例であった。これは継子《ままこ》の娘が竈《かまど》の前にばかり置かれたからシンドレラと呼ばれたのと、日を同じくして語るべき昔話であった。日本の若い人たちはシンドレラの美しさを説こうとするが、これがわが国の米ぶくろ粟ぶくろと同じ話だということはまだ知らず、われわれの珍重するミス・コックスの大冊は知っている人でも、支那では西暦八世紀に世に出た『酉陽雑俎《ゆうようざつそ》』の中に、すでに同じ話が載せられていることを、まだ心づかぬ人ばかりが多いかと思う。われわれのこれから明らかにしていきたいことは、単にこういう昔話の一致ということだけではない。それよりもまず目の前のことを問題として、どうして遠い異国の端々に同じような話が違う言葉をもって語り伝えられているかを考えなければならぬ。外国人に相談しただけでは、いつか宣教師が来たときに教えていったのだろうということになるかもしれない。やっぱり辛抱して近隣の老人の話を聴いてみることを私は勧めるのだが、話がこうくどくては、この老人はまず落第であろうか。

昭和三十五年四月

柳田国男

猿の尾はなぜ短い

むかしのむかしの大昔、猿《さる》のしっぽは三十三尋《ひろ》（約五〇〜六〇メートル）あったそうです。それが熊《くま》のためにだまされて、あのような短いしっぽになってしまいました。あるとき猿は熊のうちへたずねていって、どうすればたくさんの川の魚を、捕《と》ることができるだろうかと相談しました。そうすると熊がいうには、今晩のような寒い晩に、どこか深い淵《ふち》の上の岩にすわって、そのしっぽを水のなかへ漬《つ》けておいてごらん。きっといろいろな雑《ざ》魚《こ》が来てくっつくからと教えてくれました。猿は大喜びで教えてもらったとおりにして待っていますと、夜がふけてゆくうちに、だんだんとしっぽが重くなりました。それは氷が張って来たのでしたが、お猿は雑魚が来てくっついたのだと思っていました。もうこれくらい捕れたら十分だ。あんまり冷たいから帰りましょうと思って、しっぽを引きあげようとしたけれどもなんとしても抜けません。これはたいへんだと大騒ぎをして、むりに引張ったところが、そのしっぽが根元からぷっつりと切れました。猿の顔の真赤なのも、その時あまりに力をこめて引張ったためだといっている人があります。

（島根県松江。『日本伝説集』高木敏雄）

海月《くらげ》骨なし

大昔、竜宮《りゅうぐう》の王様のお妃《きさき》がお産の前になって、猿《さる》の肝《きも》が食べてみたいという、珍しい食《しょく》好《ごの》みをなされました。竜王はどうかしてその望みをかなえてやりたいものと、家来の亀《かめ》をよんで、何かよい考えはあるまいかとたずねられました。亀は知恵のある者で、さっそく日本の島へ渡ってきて、ある海岸の山に遊んでいる猿を見つけました。猿さん猿さん竜宮へお客にゆく気はないか、大きな山もありごちそうはなんでもある。行くならば僕が負《お》うて行ってあげるといって、大きな背なかを出して見せました。猿はうっかりとこの亀の口《くち》車《ぐるま》に乗って、うれしがって竜宮見物に出かけました。なるほどかねて聞いていたよりも美しいお屋敷でありました。中の御門の口に立って、亀の案内してくれるのを待っていますと、門番の海月《くらげ》が猿の顔をみて笑いました。猿さんはなんにも知らないな。竜王様のお妃がお産の前で猿の肝が食べたいとおっしゃるのだ。それで君がお客によばれて来ることになったのにといいました。こいつはたいへんだと思いましたけれども、猿にも知恵があるのでなに食わぬ顔をしていますと、やがて亀が出てきてさあこちらへといいました。

亀さん僕はとんでもないことをした。こんなお天気模様なら持って来るのだったが、うちの山の木に肝をひっかけて、干しておいて忘れてきた。雨が降り出したらぬれるだろうと思って、心配だといいました。なんだ君は肝をおいて出てきたのか、それじゃもう一度取りにゆくよりほかはあるまいと、ふたたび亀が背中にのせて、元の海岸まで戻ってまいりました。そうすると猿は大急ぎで上陸して、一番高い木の頂上にのぼって、知らん顔をしてほうぼうを見ています。亀がびっくりして猿君どうしたというと、海中に山なし、身を離れて肝なし、といって笑いました。これは竜宮で門口に待っているうちに、あのおしゃべりの海月がしゃべったに相違ないと、亀は帰ってきて竜王に訴えますと、けしからぬやつということで、皮ははがれる。骨はみな抜かれる。とうとういまの海月の姿になってしまったのは、まったくこのおしゃべりの罰《ばつ》だということであります。（『沙石集』五）

雀と啄木鳥《きつつき》

むかしのむかし、雀《すずめ》と啄木鳥《きつつき》とは二人の姉妹であったそうです。親が病気でもういけないという知らせのきた時に、雀はちょうどお歯黒《はぐろ》をつけかけていましたが、すぐに飛んでいって看病をしました。それでいまでも頰《ほっ》ぺたがよごれ、嘴《くちばし》も上の半分だけはまだ白いのであります。啄木鳥の方は紅をつけ白粉《おしろい》をつけ、ゆっくりおめかしをしてから出かけたので、ついに大事な親の死目にあうことができませんでした。だから雀は姿は美しくないけれども、いつも人間の住むところに住んで、人間のたべる穀物を、入用なだけ食べることができるのに、啄木鳥はお化粧《けしょう》ばかりきれいでも、朝は早くから森のなかを駆《か》けあるいて、がっか、むっかと木の皮をたたいて、一日にやっと三匹の虫しか食べることができないのだそうです。そうして夜になると木の空洞《うつろ》にはいって、おわえ、嘴《はし》が病《や》めるでやと泣くのだそうです。

（青森県北津軽郡松島村米田小字末広。『津軽口碑集』内田邦彦）

鳩の孝行

むかしのむかし、鳩《はと》はほんとにねじけ者で、ちっとも親のいうことをきかぬ子であったそうです。親が山へ行けといえば田へ行き、田へ行けといえば畠《はたけ》へ出て働いていました。親が死ぬときに静かな山に葬《ほうむ》ってもらいたかったけれども、そういうとまた反対のことをするだろうと思ってわざと川原へ埋《うず》めてくれとたのんで死にました。ところが鳩は親が死んでから、はじめて親のいうことをきかぬのは悪かったと心付きました。そうして、こんどはそのいいつけのとおりに、川原へ行って親の墓をこしらえたのだそうであります。しかし川のふちでは、水が出るたびに墓が流れそうで気がかりでたまりません。それゆえに今でも雨が降りそうになると、このことを考え出して悲しくなって、ととっぽっぽ、親が恋しいといって鳴くのだそうであります。もう少し早くから、親のいうことをきいておればよかったのであります。

（石川県鹿島郡。『鹿島郡誌』）

時鳥《ほととぎす》の兄弟

むかしむかし、時鳥《ほととぎす》にはたいへん親切な善《よ》い弟があったのだそうです。毎年五月になると山にいってたくさんの山の薯《いも》をほってきて、煮《に》て一番おいしいところを兄さんに食べさせました。それを兄の方ではまだ疑って、弟がもっとうまい山の薯を、自分では食べているのだろうと思って、しまいには憎んで庖丁《ほうちょう》を持ってきて、そのやさしい弟を殺したのだそうです。そうして弟の腹を裂《さ》いてみると、なかからあわたという筋ばかり多い薯が出てきました。これは悪いことをしてしまったと、後悔して悲しんでいるうちに、とうとうこの鳥になってしまったのだそうです。だから今でも山の薯をほる時節になると鳴いて方々をとびまわります。よくきいているとあの声は、

　おとと恋し
　掘って煮てくわそ
　弟こいし
　薯ほってくわそ

といって鳴くのだそうであります。

（富山県）

時鳥《ほととぎす》と百舌《もず》

むかしむかし、時鳥《ほととぎす》は沓《くつ》を作る職人であったという話もあります。百舌《もず》という鳥はそのころは馬方《うまかた》であったそうです。百舌の馬方は時鳥に頼んで、毎度馬の沓を打ってもらって、ちっともその代金を払いませんでした。それをおぼえていていつまでも、時鳥は沓の代はどうしたと鳴くのだそうです。そうすると、百舌は面目《めんぼく》ないものだから、時鳥のでて鳴くころには、どこかへかくれていてすこしも顔を出しません。そうしていろいろの小虫を木の小枝などに刺しておいて、時鳥の機嫌《きげん》を取ろうとするのだそうです。

（和歌山県那賀郡。『郷土研究』四ノ七）

しかしまたこんな話もありますから、どちらがほんとうだかよくはわかりません。むかし、百舌は酒がすきで、時鳥の金を預かって、御仏壇の仏様を買ってくる約束をしておきながら、その金で酒を飲んでしまいました。それで時鳥が毎年そのときになると、本尊掛《ほんぞんか》けたかと鳴くのは、催促《さいそく》をするのだということであります。百舌はそう言われると困るものだから、なるだけだまって出てこないようにしている。百舌の顔の赤いのは、お酒を飲んだからだといいますが、ことによるときまりが悪いからかもしれません。

（和歌山県有田郡。『郷土研究』四ノ四）

片足脚絆《きゃはん》

むかし、とくぼうという鳥がおりました。よくみのった麦畑で穂《ほ》を食べていると、麦のいがのどにささって苦しみだしました。それを見た友達の鳥が、大急ぎで親鳥にしらせに行きました。親鳥はちょうど働きに出かけるところで、脚絆《きゃはん》をはきかけていましたが、このしらせをきいて驚き、脚絆を片方だけつけたままでとんでいきました。しかしもう間に合わず、子の鳥は死んでいました。それ以来毎年麦のみのる時分になると、親鳥はとくぼう、とくぼう、といって我が子をしたって鳴きまわるようになりました。そしてこの鳥は今でも片方の足にだけ毛がはえているということであります。

(広島県佐伯郡大柿町。『芸備叢書昔話の研究』広島師範郷土研究室編)

雲雀《ひばり》の金貸し

むかしむかし、ひばりは金貸しであったといいます。お天道様に金を貸しましたが、いつまでも返してもらえないので、ゼンゼンクレ、ゼンクレ、ゼンクレ(銭くれ)と鳴きながら、お天道様へ借金の催促《さいそく》をしにのぼっていきます。しかしお天道様に照りつけられて暑くなるので、今度は、クレー、クレー、クレー、と鳴いて降りて来るのだそうです。

（石川県河北郡高松町《かほくぐんたかまつちょう》。『加能民俗』十五号）

また、別の所ではひばりは頬白《ほおじろ》に金を貸したともいっています。ひばりはサーヤレ、サーヤレ（早くよこせ）と鳴いて催促しますが、頬白は、チンチンカエシマショ（少しずつ返しましょ）と答えているのだとこの地方の人々は話しています。

（鹿児島県肝属郡《きもつきぐん》。『大隅肝属郡方言集』野村伝四）

かせかけみみず

むかし、みみずと蟇《がま》がお互いに着物を作って着ようと相談したそうです。みみずは、わたしは美しい着物を着たいから、細い糸で念入りに作りましょう、といいました。蟇は、なるたけ早く作って着たいから、太い糸で作ろう、といってさっそく仕事にとりかかりました。蟇はそのとおり、太い、荒い糸でむぞうさな着物を、じきにこしらえて着ました。一方みみずは細い、美しい糸で織ったので、大変手間がかかり、その中《うち》に糸がくしゃくしゃになって手のつけようがなくなりました。困りきったみみずは、糸をかせのまま、ぐるぐると首のところにまきつけてしまいました。だからみみずには今でも首のまわりに糸をまきつけたあとが残っているのだそうです。また、蟇がいまだに汚い様子《ようす》をしているのも、その時のそまつな着物を着たままだからというわけであります。

（大分県大野郡上井田村。『直入郡昔話集』鈴木清美）

梟《ふくろう》染め屋

むかしむかし、梟《ふくろう》は染物屋で、おおくの鳥に頼まれて、いろいろの衣裳《いしよう》を染めてやるのが商売であったそうです。その頃烏《からす》はたいへんなおしゃれで、いつも真白い着物をきてとびあるいていました。その烏が梟の染め屋へきて、どうか私の衣裳をまたとないような色に染めてくれと注文しました。梟はその注文をひき受けて、真黒々の炭のような色に染め、これが世界にまたとない色だといいました。烏は非常に腹を立てましたけれども、もうどうすることも出来ませんでした。それでもその怨《うら》みを忘れないで、梟の顔さえ見れば怒っていじめます。それゆえに梟は今でも森の奥にかくれて、烏の起きている間はけっして外へ出て来ぬばかりでなく、たまにいるところを烏に見つかると、ひどい目にあうのであります。

（岩手県岩手郡平館村《いわてぐんたいらだてむら》（現八幡平市《はちまんたい》）。『日本伝説集』高木敏雄）

鷦鷯《みそさざい》も鷹の仲間

大昔、いろいろの鷹《たか》が集まって酒盛りをしているところへ、ちいさな鷦鷯《みそさざい》[8]がやってきて、僕もなかまに入れてくださいといったそうです。鷹の同勢はこれをばかにして、このなかまに入りたければ猪《いのしし》を捕ってくるがいい。猪を捕ってきたら酒盛りに加えてやろうといいました。そうすると鷦鷯はすぐにとんでいって、藪《やぶ》のなかに寝ている猪の耳の中にとびこみました。猪はびっくりして駆け出しましたが、ちいさな鷦鷯が耳の中であばれるので、苦しくてたまらぬから夢中になって狂いまわり、とうとう岩の角に頭をぶっつけて死んでしまいました。それで大いばりで帰ってきて、鷹のなかまに入って酒盛りをしたそうであります。このときに熊鷹という大きな鷹が、負けぬ気になって、飛び出していったところが、猪が二匹つれだって走っていました。それを一ぺんに二つとも捕ろうと思って、右と左との足を一匹ずつにかけたら、猪が両方へにげていこうとしたために、欲深《よくふか》の熊鷹の股《また》がさけてしまったという話もあります。

（兵庫県。『民族』一ノ五）

狸と田螺《たにし》

むかしむかし、狸《たぬき》が田螺《たにし》をさそって、二人で伊勢《いせ》参りをしたそうです。旅行もおしまいの日になって、田螺が狸にむかっていいました。どうだ狸君、ただこうして歩いていてもつまらない。これから伊勢の大神宮様まで、二人で駆《か》けっくらをしてみようじゃないかといいました。狸もさんせいしてしたくをしていますと、田螺はすばやく貝の蓋《ふた》を開いて、狸の尾のさきにちゃんとくい付きました。だからすこしも骨を折らずに、狸と同じだけにとんでいくことができました。いよいよ伊勢のお鳥居のそばまで到着しますと、狸はうれしいものだから太いしっぽを振りました。それが石垣の石にかちんとぶっつかって、田螺の貝が半分こわれて、田螺は土の上へころがり落ちました。ずるい田螺はみえ坊なやつですから、痛いのを我慢してこういったそうであります。おい狸君、遅いじゃないか。僕はさっきにここへ着いて、いま肩を脱《ぬ》いで休んでいるところだぜ。

（和歌山県有田郡。『有田童話集』森口清一）

貉《むじな》と猿と獺《かわおそ》

むかしむかし、貉《むじな》と猿と獺《かわおそ》の三人がつれ立って、弥彦参《やひこまい》[9]りに出かけたことがあるそうです。その途中で三人は拾い物をしました。その拾い物は蓙《ござ》が一枚、塩が一叺《ひとかます》と豆が一升《いっしょう》とでありました。これをどういうふうに分配したらよいか、なかなか相談がまとまらなかったそうです。そのうちに貉は賢いからこういいました。猿さんはこの蓙を持って、山の木のうえに登って広げて、ほうぼうをながめたらいいじゃないか。獺さんはこの塩をどこか魚のいそうな池へ持っていってまいて、魚を浮かせて捕ったらいいじゃないか。私は残りの豆をもらって食べようといいますと、ほかの二人はうっかりと賛成してしまいました。猿は喜んで木の上へ莚を持っていって、それを敷いて見物をしようとしますと、すぐにすべってしまって、猿も木から落ちました。そうして足を挫《くじ》いてしまいました。獺は池をみつけて一叺の塩を打ち込み、その後から水の中に入ってみますと、塩水が眼にしみて真赤にただれてしまいました。これは飛んだものをしょいこんだ。ぜんたい貉がずるいからいけないと、二人で苦情をいいに貉のうちへ行きました。その間に貉は一升の豆をちゃんと食べてしまって、女房の貉と二人で豆の皮を毛の間へはさんで呻《うな》るまねをしていました。私たちも豆を食べたらおできがたくさんできて、苦しい苦しいといいました。猿と獺とはまただまされて、それじゃお互いさまだから、仕方がないといって帰っていったそうです。

（新潟県南蒲原郡《みなみかんばらぐん》。『越後三条南郷談』外山暦郎）

猿と猫と鼠

むかしむかしあるところに、爺《じじ》と婆《ばば》とがありました。婆は精出して木綿《もめん》を織《お》ると、それを爺が風呂敷《ふろしき》に入れて、ほうぼうの町を売り歩いていました。ある日爺は木綿を売りに出て、ひとりで山路《やまみち》を帰って来ると、はるか向こうの山の木に大きな雌猿《めざる》がいるのを、猟師が鉄砲《てっぽう》を持って打とうとしておりました。雌猿は手を合せて、こらえてくれという様子をして拝んでおりました。かわいそうなことをすると思ってとめに行きますと、思わず鉄砲がそれて、爺は肩先を打たれました。猟師はとんだことをしたと思ってにげてしまいました。そうするとどこからともなく多くの子猿があらわれて、いっしょうけんめいに介抱《かいほう》をしてくれました。そうして猿の家へつれていって、たいそうな御馳走《ごちそう》をしたそうです。婆が心配をしているからもう帰るといいますと、猿たちがお礼に宝物をくれました。これは猿の一文銭《もんせん》といって、世にも大切な宝物ですが、命の親様にさしあげます。これを祀《まつ》っておくと金持ちになります。

ほんとうにお猿がいったとおりでありました。家では婆が年の暮だというのに、木綿も売らずに爺が帰って来たので、さんざんに怒りましたけれども、猿の一文銭のおかげで、わずかな間に金持ちになりました。ところが近所によくない人があって、急に爺婆が金持ちになったわけを聞いて、知らぬ間にその宝物を盗んでしまいました。

爺と婆とはびっくりして、ほうぼう尋《たず》ねてみましたがどうしてもありかが知れません。そこで家に飼っている玉という猫をよんで、玉よ、猿の一文銭を三日のうちに捜し出してこい。捜して来てくれたら御褒美《ほうび》だ。捜し出さなければこれだといって、光る短刀を抜いて見せました。猫はこれをきいてすぐに飛び出して、一匹の鼠をつかまえていってきかせました。鼠よ、うちの爺様の宝物がなくなった。三日のうちに見つけてこい。見つけてくるならば助けてやる。もし見つけないとしっぽまで食べてしまうよといいました。鼠は食べられるとたいへんだから、三日の間近所の家々をまわって、猿の一文銭を捜しました。そうしてしまいにとなりの悪者の家の箪笥《たんす》のなかにあるのを見つけて、引き出しをかじってそれを取りだし、持ってきて玉に渡しました。玉は喜んで、それをくわえて爺様にわたしました。爺も婆も猫の玉も鼠もともどもに大喜びで、みながみないつまでも繁昌《はんじょう》しました。めでたしめでたし。

（鳥取県八頭郡《やずぐん》。『因伯童話』）

猿と蟇《ひき》との餅《もち》競争

むかしあるところの山のなかで、猿と蟇蛙《ひきがえる》が出会ったそうであります。ちょうどお正月も近くなって、里ではそちこちに餅《もち》をつく威勢のいい杵《きね》の音がしていました。なんと蟇どん、あの餅を一臼《うす》取ってきて食べるくふうはあるまいかと猿がいいました。そこで山のなかで相談をきめて、二人はそろそろと里におりていきました。最初にはまず猿が庄屋《しょうや》様の背戸にきて隠れていると、あとから蟇が忍んできて、庭の泉水のなかへ、どぶんと大きな音をさせて飛び込みました。餅を搗《つ》いている若い人たちはその音を聞いて、これはたいへんだ、うちの坊ちゃんが池へ落ちたようだといって、臼も餅もほったらかしておいて、のこらず水のそばへ駆《か》けてきました。そのすきに猿はうまうまと餅の臼をかかえて、山の上まではこんできました。蟇もその後からのそのそと戻ってきました。

なんと蟇どん、お前と二人でこの餅を分けて食うよりも、いっそのこと臼のままでここから転がして、早く追いついた方がまるごと食うことにしてはどうかと猿がいいました。蟇蛙は足がのろいから損だとは思いましたが、それでも承知をして一、二、三のかけ声とともにごろごろと餅の臼を谷底に突き落しました。足の達者な猿はすぐにその後から飛んでおります。蟇は足が遅いので仕方なしに、のたりのたりと山を下っていきますと、運の好《よ》いこともあったもので、餅はいつのまにか臼の中から抜けだして、道のはたの萩の枝にだらりとひっかかっていました。これはありがたしとさっそくその餅のそばにすわりこんで、蟇は一人でゆるゆると食べていました。そうすると、空臼《からうす》をおっかけてむだ足をした猿が、がっかりしてまた登って来ました。蟇どん蟇どんこっちの方から先に食ってはどうかねと、見物をしていた猿がいいました。なあにこりゃおれの餅だ。おれが好きな方から食おうよと、蟇蛙は答えました。

（新潟県南蒲原郡。『越後三条南郷談』外山暦郎）

古屋の漏り

むかし雨のふる晩に、爺《じじ》と婆《ばば》とがねむることができないで、二人で話をしていました。

虎狼《とらおおかみ》よりもこわいのは古屋の漏《も》りだといっておりました。それを表を通っていた虎狼という獣が立ちぎきして、それではこの世の中には、おれよりもまだ恐ろしいもりというのがあると見える。これはゆだんがならぬと思っていると、ちょうどこの家に入ろうとした馬盗人《うまぬすびと》が、馬かと思って虎狼の背なかに乗りました。これはたまらぬ、古屋のもりにつかまえられたと、虎狼はいっさんにとんで走りましたので、馬盗人はふるい落されて、道ばたの空井戸の中におちました。そこへ猿がやって来て何しているかとたずねますと、今この穴の中に古屋のもりというばけ物がかくれたと、虎狼が答えました。そんなばけ物はないだろう。おれが検査《けんさ》してやろうといって、出過ぎ者の猿は、尻尾《しっぽ》を空井戸の中へさしこんでさぐりました。穴の底の馬盗人がそれをしっかりとつかみました。猿もびっくりして強く尻尾を引こうとすると、ねもとからぷつりと切れてしまいました。猿の尻尾の短くなったのは、またこの時からだという説もあります。

（熊本県阿蘇郡。『日本伝説集』高木敏雄）

猿聟《むこ》入り

むかしむかしある村の爺《じじ》が、ひとりで山畠《やまはた》に出て働いていました。畠が広くてあんまり骨が折れるので、あゝあゝ猿でもよいから来て助けてくれるなら、三人ある娘の一人は嫁にやるがなあといいました。そうすると猿が一匹ひょっくり出てきまして、せっせと畠しごとをてつだってくれました。こいつは困った約束をしたわいと思って、家に帰ってきて三人の娘と相談をすると、姉も二番目の娘も、猿のお嫁には行かれませんといって怒りました。末の娘だけがやさしい女で、お父さんが約束をなさったのなら、ぜひがないから私が行きましょう。嫁入りのしたくには瓶《かめ》を一つ、その中へ縫《ぬ》い針をたくさんに入れてくださいといいました。そうすると次の日の朝は、猿がちゃんと、聟《むこ》様の着物をきて、約束の花嫁を迎えにきました。嫁の荷物は瓶と縫い針、これを猿の聟がせなかに負うて、なかよく話をしながら、猿の住む山へ行きました。山の麓《ふもと》には深い谷川が流れていて、細い一本橋がかかっていました。その橋を渡ろうとするときに、猿の聟様が話しかけました。男の子が生れたならなんという名をつけよう。猿どのの子だから猿沢《さるさわ》とつけましょう。女の子ができたらなんと名をつけよう。この谷には藤の花がきれいだからお藤とつけましょう。そういって渡っていくうちに一本橋が細いので、ちょっと手がさわると猿の聟は川へおちました。そうして縫い針をいれた瓶をせおったままで、水に流されていきました。その時に猿の聟が泣きながら、こんな歌を詠んだということで、今でもその文句が残っています。

　猿沢や、猿沢や、
お藤の母が泣くぞかわいや。

（広島県比婆郡《ひばぐん》。『民族』一ノ六）

鷲《わし》の卵

　むかしある村に年とった百姓があって、美しい一人の娘をもっていました。田植えのころに苗代《なわしろ》を見まわっていると、蛇《へび》が小さな蛙《かえる》をおいかけて、苗代を荒しております。蛇よそう追うな。おれの一人娘をお前にやるからといいますと、蛇は追うのをやめておとなしく帰っていきました。そうしてその晩から、りっぱな若い聟《むこ》が娘のところへ、夜おそく来て朝早く帰るようになりました。それがどういう人かよくわからぬので、爺《じじ》は気にかけていましたが、ある日家の前を一人の見たことのない易者が通っていくので、それをよび込んで、占《うらな》いをしてもらいました。その易者がいうには、この娘はただの人間でない者を聟に取って、人間でない者の子を持っているから、近いうちに死ぬかも知れない。けれども助かる方法がたった一つある。裏の山の大木の上に、鷲《わし》が巣をかけていま卵を三つ産んでいる。あれを聟殿に頼んで取って来てもらって食べさせて見たらよかろうといいました。そこでその晩に来た聟に鷲の卵が食べたいという話をしますと、こころよく承知をして取りにのぼってくれましたが、その時はちゃんと蛇のすがたをしていたそうであります。そうして二つの卵を口にくわえて来て、三つ目を取りにのぼったときに、鷲の親はその大蛇をつついて殺してしまいました。爺は家に帰ってみると、昨日の易者がまた来ていて、この話をきいて、それではもう娘さんは助かった。この後では三月三日の節供《せっく》に、酒のなかへ桃の花を浮かせてお飲ませなさい。そうすればいよいよ丈夫になります。私はあなたに命を助けられた、小さな蛙のご恩返しといって、ぴょんぴょんとどこかへとんでいきました。それから後は三月の三日に、人が桃の酒を飲むようになったのだそうであります。

（佐賀県杵島郡《きしまぐん》。『民族』三ノ三）

春の野路から

むかしむかしあるところに、貧乏な一人の爺《じじ》が住んでいました。まいにちまいにち働いてやっと暮しを立てていました。今日は卯月《うづき》の八日だから、一日だけ家でゆっくりと休もうと思っていますと、また用ができて外へ行かなければならぬことになりました。せっかく買っておいた一升の酒を、徳利《とくり》のままでぶら下げて、途中ででも飲もうと思って一人で出かけました。はればれとしたよい天気で、野にも山にもいろいろの花が、咲きほこっているのでありました。広い野原にさしかかって、天気はよし疲れもしたので、このへんで一杯やろうと思って、よいくらいの石に腰をかけますと、足もとに一つの骸骨《がいこつ》がころがっていました。これはこれは、どういう人の骨だか知らないが、ちょうどよいところだ。おれは一人で飲むのはきらいだ。お前さんも一つ飲んで、この景色をみながらいっしょに楽しみましょうといって、盃《さかずき》になみなみと一杯ついだ酒を、その骸骨にそそぎかけたそうです。そうしておもしろく歌などを歌って、ややしばらく遊んでから、そこを立って出かけました。

ところがこの爺が用をすませて、その日の黄昏時《たそがれどき》に同じ野を通って帰って来ると、後から爺様《じいさま》ちょっと待ってとよぶ声がしました。振りかえって見ると、十七、八の美しい姉様《あねさま》であったそうです。今日はお前さんのおかげで、ほんとうにうれしい思いをしました。そのお礼をいいたいために、帰って来られるのを待っていました。私は三年前のこの月の二十八日に、この野原を通っていて急病で死んだ娘であります。親たちは今にあちらこちらをさがしていますが、縁《えん》が薄《うす》くてまだ見つけてくれず、きのうまではまことに寂しく暮らしていました。二十八日の法事《ほうじ》の日には、何用をおいてもぜひもう一度ここへ来て、私と一緒に親の家へ行って下さいといったそうです。

いよいよその二十八日になって、爺は約束だから朝のうちに野原に来てみますと、美しい娘が出て待っていました。それからつれだって野の隣の村に入っていきました。娘の家というのは大きな構《かま》えの屋敷で、村の人が大勢今日の法事のために寄り合っておりました。おれにはとてもこのなかへは入れないと爺がいうと、それなら私の着物に取りついてはいればよいといって、二人とも誰にも見つけられず、するすると家の中にはいって、仏壇の間にすわりました。座敷には本膳《ほんぜん》が出て、おすい物も酒もありました。好きな酒ですから娘がすすめるままに、爺様は酒を飲み、すきな肴《さかな》をいろいろと取って食べました。座敷にいる坊様や親類の客人は、知らぬうちに自分の膳の物も酒もなくなるので、ふしぎだふしぎだと話し合っておりました。

そのうちにお膳を下げる段になって、一人のちいさな女中が皿を落してかきました。家の主人は大事の皿をとんでもないことをしたと、ひどく小言をいいました。幽霊《ゆうれい》の娘はそれを見て、爺様にむかってささやきました。私はああいうところを見るのがいやだから、もう帰りますといいました。爺はそんならおれも行くというと、お前さんはまあいいからここにいて下さいといって、ひとりでどこかへ行ってしまいました。娘が出ていってしまうと、すぐに爺様の姿が皆に見えて来ました。お前は何者だ。どこから来たか、どうしてこの座敷へ来ていたかとたずねられました。もうかくすことはできないので、今までのことを残らず話して聞かせますと、親類一同の者はびっくりし、主人夫婦は泣きました。それではさっそく娘のいる野原へ、私たちを案内して下さい。拝む頼むといわれました。それで爺が先に立ち、親たち一族寺の和尚《おしょう》までが打ちそろうて、骨を迎えにいって、もう一ど葬式を営《いとな》みました。爺様も貧乏な手間仕事などをやめて、この家の人たちから情《なさけ》をかけられ、一生安楽に暮らすことができたそうです。（岩手県上閉伊郡《かみへいぐん》。『老媼夜譚《ろうおうやたん》』佐々木喜善）

金の斧《おの》銀の斧

むかしむかしあるところに正直なきこりがいて、毎日毎日山の中で木を伐《き》って働いておりました。ある日池のそばの森で仕事をしていたとき、あんまり力を入れてふりあげたので斧《おの》が池の中へ落ちてしまいました。大切な道具をなくしては働けないので、どうしたらよかろうかと困っていますと、水の中から真白い鬚《ひげ》のお爺《じい》さんが出て来て、何を考えこんでいるのかと尋《たず》ねるのです。そこできこりは池へ斧を落した話をすると、そんなら拾って来てやろうといって水の中に沈んでいきました。しばらくたって出て来た時には美しい金の斧を持っております。そしてお前の落したのはこれかときくので、それではないというと、また水の中に沈んで、今度は銀の斧を持って来ました。きこりは、私の落したのはそんなりっぱな斧ではありません、ただの鉄の斧ですというと、お爺さんはまた水の中へ入っていきましたが、今度は鉄の斧を持って来て、これかといってきこりに返してくれました。きこりもそれだそれだと喜んでお礼をいって受け取りました。するとお爺さんのつくづくいいますには、お前は本当に正直者だ、その褒美《ほうび》に金の斧も銀の斧もお前にやろうといってきこりにくれました。

なくした斧を返してもらった上に立派な金銀の斧をもらったのですから、きこりはうれしくてたまりません。つい黙っていられなくて隣の悪い爺さんにこのことを話してしまいました。すると爺さんは、ひとつ自分ももらって来ようと森に出かけてゆき、わざと池の中へ斧を落しました。話に聞いていたとおりのお爺さんが水の中から出て来て、拾って来てやろうと水の中に沈みましたが、間もなく美しい金の斧を持って出て来ました。お前の落したのはこれかと聞かれると、慾の深い爺さんは、とびつくようにうんそれだと答えました。すると白鬚のお爺さんは腹を立てて、お前のような嘘《うそ》つきには、金の斧も銀の斧も鉄の斧もやらんといって、そのまま水の中に沈んでしまったきり、ふたたび出て来ませんでした。

（大分県直入郡久住町《なおいりぐんくじゅうまち》〔現竹田市〕。『直入郡昔話集』鈴木清美）

黄金小臼《こうす》

むかしむかし、奥州《おうしゅう》、みぞろヶ沼の片ほとりに、兄弟の百姓が住んでいました。兄はすこし愚《おろ》かで、弟はなかなか小ざかしい男でありました。それでその弟は兄を追い使って、毎日毎日沼の岸へやって、草刈りばかりさせておきました。ところがある日のこと、沼から美しい女の人が、手に一通の手紙を持って来まして、どうかこの手紙を御駒《おこま》ヶ嶽《たけ》の麓《ふもと》にある八郎が沼まで持っていってくれと、その兄に頼みました。八郎が沼へ行ったら、岸に立ってたんたんと手をたたいておくれ。そうすれば水のなかから若い女が出て来るから、それにこの状《じょう》をわたせばよいといいました。

男は頼まれてなんの疑いもなく、さっそくその手紙を持って八郎が沼へ行きました。そうして教えられたとおりに手をたたくと、はたして沼から美しい女が現れて手紙をうけとって読みました。みぞろが沼の姉様が、いつもお前のせわになるそうな。この手紙のなかに書いてある品物は、今持って来てあげるからしばらく待っているようにといって、沼に戻って小さな石の挽《ひ》き臼を手に持って、ふたたび出て来ました。これは二つとないこの世の宝物だけれども、姉のいいつけだからお前に進上《しんじょう》する。この小臼に一粒の米を入れてまわすと、黄金の粒が一つ出ます。ただ帰ったら庭の片隅に、小さくとも一つの池を掘って、朝と晩にそれから水を汲《く》んで、この挽き臼に供えておくれ。こういって臼を男に手渡しして、またもとの沼へはいっていきました。

兄は小臼を持って自分の家に帰り、毎日一粒ずつの黄金を臼から出して、らくらくと暮らすようになりました。弟は兄がこのごろ草刈りにも行かず、楽に暮らしているのを不審《ふしん》におもって、そっとのぞいて見ると妙な臼をまわしています。それで兄の留守にやって来て、仏壇の隅からその小臼を見つけ出して、米粒を一つ入れてまわして見ると、たちまち黄金の粒が出るのでびっくりしました。しかし慾のふかい弟ですから、それだけですましておくことができず、一度にたくさんの金を取っておこうと思って、椀《わん》に一杯の米を打ちこんでその臼をまわしてみました。そうすると小臼はころころところがって、だんだんに外へ出て、庭の隅に掘った小池の中へころがりこんで、とうとう見えなくなってしまったということであります。

（岩手県江刺郡《えさしぐん》。『江刺郡昔話』佐々木喜善）

はなたれ小僧様

むかしむかし、肥後《ひご》の国の真弓《まゆみ》の里《さと》という山奥の村に、一人の爺《じじ》がありました。毎日山にはいって薪《まき》をきって、それを関《せき》の町へ持って出て、かすかな暮しをたてていました。ある日どうしてもその薪の売れないことがあって、町のまんなかを流れている川の橋を、なんどとなく渡って町中をあるいてみましたが、一人も薪を買う人がありません。しまいにはくたびれてしまって、その橋のなかほどに来て休みました。そうしてその薪を一把《わ》ずつ、橋の上から川の淵《ふち》へなげこんで、竜神様《りゅうじんさま》を拝んで帰ってゆこうとしました。

そうすると、ふいにその淵《ふち》の中から、今まで見たこともないような美しい若い女が出てきて爺を呼びとめました。その女の腕には小さなほんとうに小さな子供をひとり抱いています。お前が正直で毎日よく働いて、きょうも薪を持って来てさし上げたことを、竜神様はたいへんに喜んでおいでになる。そのごほうびにこの子供をおあずけになるからつれていきなさい。このお子ははなたれ小僧様と謂《い》って、お前の願うことはなんでもきいて下さる。そのかわりに、毎日三度ずつ、ぜひとも海老《えび》の膾《なます》をこしらえて、お供《そな》え申さなければならぬといって、女はその子供を爺に渡してふたたび水の底に帰ってゆきました。

爺は大喜びでそのはなたれ小僧様を抱いて、真弓の里に戻って来て、神棚の脇に小さな小僧様をすえて、たいせつに育てました。米でもお小遣《こづか》いでもなんでもかでもほしいと思う物があれば、この小僧様にちょっと頼むと、すぐにふうんと鼻をかむような音をさせて、それを爺の目の前に出します。あんまりこの家はきたなくなりました。もっと大きくて新しい家を出してくださいというと、家のような物までもただ一度の鼻の音で出てきます。そうして思っていたよりもなお美しいりっぱな家でありました。倉や道具などもだんだんに出て、わずか一月ほどの間に見ちがえるような大金持ちになってしまいました。山へ薪をとりにはもう行くに及びません。爺のしごとは毎日町に出ていって、膾にする海老を買うて来るだけになりました。

ところがだんだんに月日がたつとともに、そのたった一つの役目までが、少しめんどうくさくなりました。そうしてしまいにははなたれ小僧様を神棚からおろして爺はこういうことをいいました。はなたれ小僧様、私はもうあなたに何もお願いすることはありませんから、どうか竜宮へお帰り下さい。そうして竜神様へよろしくおつたえ下さいと申しました。それをきいて小僧様は、黙って外へ出ていかれました。そうしてしばらくの間家の外で、すうっと鼻をすする音をさせていましたが、そのうちにだんだんと家も倉も、その中にあった物も一つずつ消えてなくなって、あとにはただ以前のあばら家ばかりが残りました。これはたいへんだと急いではなたれ小僧様を、ひき留めようと思ってとび出しましたが、もうどこにもその姿は見えなかったそうであります。

（熊本県玉名郡。『旅と伝説』二ノ七）

蛇の息子

むかし、富山の町に爺《じじ》と婆《ばば》とがありました。二人の間には子供もなく、たった二人の寂しい暮しでした。

お婆さんがある日蔵の中の米を出しにいくと、一匹の蛇《へび》の子がおりました。お婆さんはびっくりしてお爺《じい》さんを呼んで、殺してもらおうとしましたが、お爺さんは蔵の中の蛇は殺すものじゃないというから追い出そうといって、二人は箒《ほうき》で追いましたが、どんなに追っても出ていきません。かえって隅っこでとぐろを巻いてしまうので、二人は米でもくれて飼おうと話し合いました。

始めのうちは気味がわるいようでしたが、だんだんと蛇がなつくにつれて、爺婆もかわいく思うようになり、ついにシドーという名前までつけて、犬か猫のようにシドー・シドーと呼んでかわいがっていました。

シドーもどんどん大きくなって、やがて一日に一升の米を食うようになり、幾年かたつうちにはとうとうとぐろを巻くと蔵一ぱいになって、物の置きどころもないようになってしまいました。その上一日に三升ずつ米を食うので爺婆の働きだけではこれ以上飼っていくことができなくなりましたので、ある日、このままシドーを飼っているとおれたちは干《ひ》乾《ぼ》しにならなけりゃならん、仕方がないから暇《いとま》を出そうじゃないか、それよりほかに手はあるまいと二人で相談をしました。するとその夜お爺さんの夢に、この蛇を根気よく飼えば必ず楽に暮らせるようになるというしらせがありましたのでお婆さんにもその話をして、つらいのを我慢してシドーを飼いつづけました。シドーはいよいよ大きくなって蔵《くら》には入り切れないほどになるし、爺婆もすっかり貧乏になってどうにもならないありさまとなりました。

そこで二人はある日シドーに向かって、お前を何年もこうして飼って来て、俺たちはかわいくてしようがないけれど、お前のからだがお蔵にはいりきれなくなったし、それにおれたちも年をとって働けなくなったのでこれ以上お前を養ってやることもできない。それで今日限りお前もここを出てどこかへ行って暮らしてくれと、よくよく因果《いんが》を含《ふく》めていいきかせました。蛇もよくわかったと見えてそのままずるずると這《は》い出して、どことも知れず行ってしまいました。

さて、富山の町には神通川《じんづうがわ》という川が流れていますが、流れが急で昔から普通の橋は架《か》かりません。船橋といって川の幅だけ船を並べてその上に板を置いて渡るような橋がありましたが、ある時その船橋のたもとに大きな蛇が現れてとぐろを巻き、人が近づくと鎌首《かまくび》をたてとびかかりそうにするので、恐ろしくて橋を渡ることができず、町中は大騒ぎになりました。そこで殿様はこの蛇を退治した者にはたくさんのお金をやるとお布令《ふれ》を出し、また立札にも書いて方々に立てさせました。

大蛇の評判は日ましに高くなっていつか爺婆の耳にも入りました。もしかするとシドーではあるまいかと、お婆さんは船橋のところへ見にいきますと、家を出たころよりまたいっそう大きくなっていますが、どうもシドーのようです。お婆は思い切ってそばへ近寄っていくと、ほかの者では鎌首をもたげてとびかかりそうにするのに、お婆さんが近づくとだんだん頭をさげてしまいます。これはたしかにシドーだと思ったのでお婆さんは、これ、シドーや、お前はこんなところでこんな姿をさらしていちゃあ困るじゃないか、どこかへ姿を隠せよと言いきかせました。そして大急ぎで家へ帰ってお爺さんにもその話をして、今度は二人揃って船橋のたもとへやって来ました。

これ、シドーよ、お前がそんなところで人をこわがらせていると、おれたちまで人に憎まれるじゃないか。どうかおれたち二人の頼みだから、どこかへ姿を隠してくれよといいますと、蛇は二人の前に頭を下げてきいていましたが、やがてたちまちに身を動かして神通川へ躍《おど》り込みそのまま川上の方へ泳いでいきました。五、六町（約五五〇～六六〇メートル）泳ぎ上ると今度はまた下流へ下って来て、爺婆のいる前を通る時には川の中から礼をして、それからまたその大きな体を泳がせて川を下り大海の中へ入っていってしまいました。

殿様はお布令の通りこの老人に二人が一生安楽に暮らせるように扶持《ふち》を下されました。蛇のようなものでも、長年飼えば恩を知って、恩返しをするものだということであります。

（山梨県西八代郡《にしやつしろぐん》九一色村《くいしきむら》。『続甲斐昔話集』土橋里木）

註　この話の話者が、越中の薬売りから聞いた話だという。

水蜘蛛《みずぐも》

むかし奥州の半田山《はんだやま》の沼で、夏のころにある人が釣《つ》りをしていますと、珍しくその日はたくさんの魚が釣れて、わずかな間に魚籃《びく》が一ぱいになりました。ひどく暑い日であったので、その人は跣《はだし》になって足を沼の中にひたしていましたが、どこから出たものか一匹の水蜘蛛《みずぐも》が、水の上を走ってきて、その足の拇指《おやゆび》に糸をひっかけていった。そうして間もなくまた来ては同じところに糸をかけるので、ふしぎに思ってその糸をそっと拇指からはずして、傍《そば》にあった大きな柳の株に巻きつけておきました。そうするとやがて沼の底で、次郎も太郎もみな来いと大きな声で呼ぶ者がありました。それにびっくりしていたら、魚籃の中の魚が、一度にみな飛び出して逃げてしまいました。そのうちに沼では大勢の声で、えいえいえんやらさあというかけ声とともに、その蜘蛛の糸をひっぱりはじめ、見ている前で太い株《かぶ》根っこが、根元からぽっきと折れてしまったそうです。その時から後は誰ひとりとして、今にこの沼へ釣りにゆく者はないそうであります。（福島県伊《だ》達《て》郡《ぐん》）

山父のさとり

むかしあるところに一人の桶屋《おけや》がありました。雪の降った朝、外に出てしごとをしておりますと、山の方から一つ目一本脚《あし》の、恐ろしい怪物《かいぶつ》がやってきて、働いている桶屋の前に来て立ちました。桶屋はそれを見てふるえながら、これが昔から話にきいている山父《やまちち》というものだなと思いました。そうするとその怪物は、おい桶屋、おまえはこれが山父というものだろうと思っているなと言いました。これはたいへんだ、こっちの思っていることを、すぐにああして言いあてると思いますと、おい桶屋、おまえはいま思っていることをすぐにさとるからたいへんだと思ったなとまた言いました。それから後も、なんでもかでも思うとじきに覚《さと》られるので、桶屋は困ってしまいました。そうして仕方なしにぶるぶる慄《ふる》えながらしごとをしていますと、思わず知らずかじかんだ手が滑《すべ》って、[10]箍《たが》の竹の端《はし》が前へ走り、山父の顔をぱちんと打ちました。山父はこれにはびっくりぎょうてんして、人間というやつは時々思っていないことをするからこわい。ここにいるとどんな目にあうか知れないと言って、どんどんまた山の方へにげていってしまったそうであります。

（徳島県。『郷土研究』二ノ六）

飯食わぬ女房

これもむかしむかしある村に、一人の桶屋《おけや》が住んでいました。ある日の晩方に外へ出て小便をしながら、あゝあゝ飯を食わぬ嬶《かか》が一人ほしいもんだなあと独《ひと》り言《ごと》を言いました。そうするとその晩見たこともない女がたずねて来て、飯を食わぬ嬶のほしい桶屋さんはこちらですか。私は飯を食わぬ女です。そうしてよく働きますから嬶にして下さいと言って、いくらことわっても帰っていきません、いたし方がないから女房にして家におきました。なるほどよく働いて、少しも食事をしませんが、どういうわけか、米が知らぬ間にぐんぐん減《へ》りました。それをふしんに思って一度ようすを見るつもりで、しごとに行くしたくをして家を出かけ、そっと天井《てんじょう》にのぼって隠れてのぞいておりました。そうすると女房はやがて竈《かまど》に大きな釜《かま》をかけて、俵《たわら》からどっさり白米をはかり出して、さくさくと洗って飯を炊《た》きはじめました。それから物置からうんと味噌《みそ》を持ってきて、大鍋に一ぱい味噌汁をわかしてそれを柄杓《ひしゃく》で桶のなかに汲《く》みこみました。その次には戸板を一枚はずしてきて台所の上り口にしき、煮えた米の飯をかたはしから、大きなむすびにこしらえて、その上へならべました。そうしておいてから、今度は髪をばらばらにときますと、頭のまんなかに別に大きな口が一つありました。その口の中へむすびを一つずつほうりこみ、柄杓で一杯ずつ味噌汁を流しこんで、見ているうちに汁も飯も、残らず食べてしまいました。そうした後で頭の髪をちゃんと結びなおすと、もとのとおりのよさそうな女房になりました。

この女は山母《やまはは》であった。こいつはとんでもない嬶をもらってしまった。なんでも早く追い出さなけりゃならぬと思って、知らぬ顔をして夕方に、草鞋《わらじ》に土をつけて帰って来ました。いくら飯は食わなくとも、おまえは家の嬶には向かない。なんでもやるからどうか行ってくれといいますと、それでは行きますからどうか大きな桶を一つ、こしらえて下さいと申しました。桶なら安いことだとさっそくこしらえてやりますと、山母の女房は桶屋のゆだんを見すまして、だしぬけに男を大桶の中につき落しました。そうしてその桶を頭の上にのせてさっさと山奥の方へ帰っていきました。桶屋は桶の中からにげ出そうとしますが、桶が大きいのでとび出すことができない。そのうちにだんだん山路《やまみち》になりますと、路の片脇に大木があって、その枝がからからと桶のへりにさわりました。山母はやがてある一本の大木のかげに、少しの間立ちどまって小休みをしました。ちょうどよいおりだと思って桶の底から手をのばして、たれていた枝につかまりますと、からだは桶からぬけだしました。山母はそれを知らずに、空桶《からおけ》をかついで奥の方へ行きました。この隙《すき》ににげなければならぬと、いっしょうけんめいに走って帰りますと、山母はそれを心づいたか、ふり返ってどんどんと追って来ました。里まで行くうちには追いつかれる。どこかかくれるところはないかと見まわしたところが、ちょうど谷川の川原に菖蒲《しょうぶ》が茂り、またその続きには蓬《よもぎ》が茂っておりました。それでその二いろの草の間にもぐっておりますと、山母も追っかけて来てその中へとびこみました。

ところがひじょうに幸いなことは、菖蒲の葉が山母の右の目をつき、蓬の茎が左の目をつき破って、山母はたちまち盲《めくら》になり、そうして谷川の流れにおちて、死んで流れて見えなくなってしまいました。その日は五月の五日の日であったそうです。それから後はこの日を節供《せっく》といって、かならず蓬と菖蒲と二いろの草を屋根にふき、またその葉を湯に入れて浴《ゆあ》みすることになったのですが、これは二度とふたたびこの桶屋のような、ひどい目に会わぬ用心だということであります。

（岩手県胆沢郡《いさわぐん》。『胆沢郡昔話集』織田秀雄）

牛方と山姥《やまうば》

むかしむかし、ある一人の牛方[11]が、たくさんの塩鯖《しおさば》を牛の背につんで山の在所《ざいしょ》へ売りに行く途中、高い大きな峠《とうげ》を越えようとする時に、運悪く山姥[12]《やまうば》に行きあいました。牛方々々、鯖を一尾《いっぴき》くれといいます。仕方がないから荷の中から鯖を一つ抜いて、投げてやっていそいでとおりましたが、牛が遅いので、すぐその鯖を食べてしまって、また後から追いついてねだりました。こうして一尾ずつ抜き出しては投げてやっているうち、とうとう牛につけていたたくさんの塩鯖は残らず山姥に食べられてしまいました。鯖がなくなるとその次には牛を食わせろ、食わせないとおまえを食うぞといいました。恐ろしくてたまらぬから、牛をそこにおいて急いで逃《に》げて来ますと、それも瞬《また》くうちにめりめりと食べてしまって、また追っかけて来て、今度は貴様《きさま》を取って食うといいました。これだけはなんとしても承知をするわけにはゆきません。いっしょうけんめいに走ってにげて、大きな池の堤《つつみ》まで来ました。堤の上には大きな木がありました。急いでその木に登ってかくれようとしましたが、あいにく下の方には葉がないので、牛方の影が沼の水にうつりました。

山姥は息を切ってとんで来ましたが、あわてて沼のなかの影を牛方かと思って水にはいってほうぼうをさがしまわりました。その暇にようやくのことで木からおりて来て、牛方はまた走ってにげました。そうすると山の下に一軒の家があるので、急いでなかにはいると、それがまた今の山姥の住家でありました。そっと天井《てんじょう》に上って梁《はり》の間にかくれておりますと、やがて山姥は沼から出て、今日は牛方にかまっていてえらくくたびれたと、ひとり言をいいながらかえって来ました。そうして囲炉裏《いろり》に火を焚《た》いて、また餅《もち》を出してきて焼きはじめました。餅がだんだん焼けてくるうちに、山姥はこくりこくりといねむりをしています。梁の上にかくれている牛方は、屋根の裏から茅《かや》の棒を一本抜いて、焼けた餅を一つずつつき刺して取ってたべました。姥が目をさまして誰が取ったとどなると、ちいさな声で火の神火の神といいました。山姥は一きれの餅がわたし金からころげて真黒にこげているのを拾って、火の神様なら仕方がないと言いました。それから今度は鍋をかけて、また甘酒《あまざけ》をわかします。そうしてその甘酒のあたたまるのを待っていてまたいねむりをはじめましたから、牛方は長い茅の棒をもう一本抜きだして、梁の上から甘酒を吸ってしまいました。山姥が目をさまして、誰が飲んだとどなると、牛方はまた小さな声で、火の神火の神といいました。こんな晩には寝た方がよい。石の唐櫃《からと》[13]にしようか木のからとにしようか。石は冷たい木のからとがよかろうといって、大きな木の唐櫃のふたをあけて、そのなかに入ってぐうぐうといびきをかいて寝てしまいました。牛方はその様子を見ていて、そっと梁の上からおりてきて、いろりの火を焚きました。そうして湯をぐらぐらとわかしておいて、錐《きり》を持って来て木のからとのふたに穴をあけました。からとの中の山姥はその音をききながら、明日は天気だげで、きりきり虫が鳴かあやといっていましたが、そのうち熱い湯をその穴からつぎこまれて、とうとう牛方にかたきを打たれてしまいました。

（新潟県南蒲原郡。『越後三条南郷談』外山暦郎）

人影花

あるところに子のない夫婦が二人きりで住んでいました。夫は仕事がないので、たいへん貧乏な暮しをしていましたが、いつまでもこうしていては仕方がないと思って、ある日かせぎに出かけました。途中で見知らぬ男に会い、きかれるまま、何の気もなしに自分はこれこれこういう者だと答えました。ところがその男は実は盗賊《とうぞく》で、夫の返事をきくとすぐにその家へやって来ました。留守番をしている妻に向かって、おれはおまえの夫に頼まれて来たものだが、おまえの夫はとてもおまえを食べさせることができないからどこへでもおまえを連れていってくれと頼んで行ってしまった、とだまして妻を自分の家へ連れていきました。

夫が家へ戻ってみると妻がいませんから、あちらこちら捜しましたが、どこへ行ってしまったのか見当もつきません。毎日毎日捜し歩くうちにとうとう三年も経ってしまいました。ある日いつものように妻をたずねて大きな川のほとりに来ると、白髪の老人がいて、何をしに来たとききます。わたしはもう三年も妻を捜しあるいているのです、というと、おまえにはとてもみつけ出すことはできない、といいます。爺様《じい》、もしあなたがご存じならどうかわたしに教えて下さい、と頼みますと、老人は、おまえの妻は大盗人にとられてどこそこの山の中に暮らしている。その山へ行くと大きな屋敷があって、門の脇に鉄の棒が立ててあるから、それで地面をドン、ドン、ドンと三度叩《たた》け。そうすれば妻が出てくる、と教えてくれました。夫は喜んですぐにその山へたずねていきました。なるほど大きな屋敷があり、門の脇に鉄の棒が立ててあります。それを三度、ドン、ドン、ドンと叩きますと、妻が出て来ました。夫を見ると夢かとばかり喜んで、家の中へ連れていって御馳走《ごちそう》をしました。これは一昨年の酒、これは去年の酒、これは今年の酒、と別々の甕《かめ》から一杯ずつ飲ませた後で、盗賊の大切にしている刀を出して来て夫に持たせ、きゅうくつでもしばらくここにかくれていて下さい、といって空甕の中に入れて蓋《ふた》をしました。

夜になると盗賊が外から帰って来ました。ところがこの家にはアスナローという不思議な花があって、男が来れば男花が、女が来れば女花が、その人数だけ咲くのでした。盗人が家に入ると男花が二つ咲いたので、家の中にもう一人男がいるな、といって捜そうとしました。妻ははっと思いましたが、とっさの機智で、いえいえ、それは私のお腹に男の子ができたからでしょう、といいました。盗人はそれをきくと喜んで、そういうことなら今夜はお祝いをしよう、というので、妻は強い酒を出して来てたくさん飲ませました。盗人が酔いつぶれたのを見て今度は熱い風呂《ふろ》に入れ、その間に夫を甕から出してやりました。夫は刀で盗賊を切り殺しました。

夫婦は珍しいアスナローの花をもって国へ帰り、その花を王様に差上げました。王様の喜びは一通りでなく、褒美に何でも望みのものをかなえてやる、といわれました。それでは人間千人に馬千匹を一日貸して下さい、と願うと、王様はただちに聞き入れて下さったので、夫婦はその千人の人たちに千匹の馬をひかせて盗賊の家へ行き、ありったけの宝を積んで帰り大金持になったという話であります。

（鹿児島県大島郡《おおしまぐん》喜界島《きかいじま》。『喜界島昔話集』岩倉市郎）

天道さん金ん綱

むかしむかしある村に、母と三人の子とが住んでおりました。母が三人の子に留守番をさせて、寺参りに出かけた後で、山姥《やまうば》が母にばけてかえって来ました。山姥の手はさわってみるとすぐにわかるのですが、子供をだますつもりで芋《いも》がらを巻いてきたので、子供は母の手だと思って戸をあけてなかへ入れました。山姥は三人の子の一番小さいのを抱いて、奥の間にはいって寝ました。そうしてがりがりとその子を食べてしまいました。次の間に寝ていた二人の子はその音をきいて何を食べているのかと山姥の母にたずねますと、ちいさな一本の指を奥の間から投げてよこしました。それを見るとすぐに山姥だということがわかって、二人の大きな子はにげて出るそうだんをしました。最初に二番目の子が便所に行くといいますと、山姥が兄の方に戸をあけてやれといいました。それで二人は家の外に出て、井戸端《いどばた》の桃の木に鉈《なた》で切りめをつけて、それをつたって木の上に登りました。山姥は後を追っかけてほうぼうを捜しているうちに、井戸をのぞいて見たので桃の木の上にいる子がみつかりました。どうしてその木へ登ったかと山姥がたずねます。鬢《びん》つけ油を塗《ぬ》って登ったと、頭《かしら》の子がうそをつきました。山姥は鬢つけを持ってきて桃の木に塗りますと、つるつるとすべってどうしても登ることができません。二番目の子がそれを見て笑って、鬢つけ油をつけて登れるものか、鉈で切りめをつけて登るのだと言いました。山姥はそれをきいて、鉈で切りめをつけて登って来ます。二人の子は困ってしまって、空を見あげて、天道《てんとう》さん金《かね》ん綱と大きな声でよびますと、がらがらと音がして天から鉄の鎖《くさり》がさがって来ました。それにつかまって子供たちは天に登りました。山姥もその後から、同じようになりましたが、こんどは天から腐れ縄《なわ》が下って来て、それをつかまえて登ろうとした山姥は、高い所から落ちて来て蕎麦《そば》畑の中で、石に頭を打ち割って死んでしまいました。蕎麦の茎はその山姥の血に染まって、その時からあのようにまっ赤になったのだそうであります。

（熊本県天草郡《あまくさぐん》。『日本伝説集』高木敏雄）

山梨の実

むかし、あるところに三人の娘を育てて暮らしている母親がありました。ある年の冬、あたりに雪が降るようになって、母親は重い病気にかかり、今日か明日かの命というほどのありさまとなりました。その時母親は娘たちを枕《まくら》もとによんで、最後の願いに、どうかして山梨の実が食べたい、誰か行ってとって来てはくれまいか、と苦しい息の下から頼みました。それをきくと一番の姉娘は、おっかさん、わたしが行ってきましょう、といいました。母は喜んで、それでは、これこれの道を行くと、りっぱな姿の嫁御が出てくるから、その人のいうとおりに行きなさい、と教えました。娘は、はいはい、と答えて家を出ると、教えられた道を歩いていきました。すると母親のいったとおり、間もなくりっぱななりをした嫁御がどこからか出て来て、行けやターンタン、といいますので、そのまま進むと、今度は、戻れやターンタン、といいます。せっかく来た道を戻れというのはどういうわけかと思いましたが、母親のいいつけを守ってその言葉に従いました。すると嫁御はまた、行けやターンタン、戻れやターンタン、とくり返します。姉娘はそれに従って行っては戻り、行っては戻りしていましたが、これではいつになったら山梨のなっているところへ行けるかわからない、家では病気のおっかさんが待っているのに、いつまでもこんなことをしてはいられない、と短気を起こして嫁御のいうことをきかずにどんどん先へ進みました。そして四つ角のところに来ると、眼の前にいきなりさきほどの嫁御が現れ、娘を頭からペロリと一呑《の》みに呑んでしまいました。

家では母親と二人の妹娘が、一番娘の帰りのおそいのを案じていましたが、いつまで待っても戻らないので、きっとあの嫁御に食われてしまったにちがいない、といって母親は一そう気を落しました。それを見た二番娘は、それではわたしが行って見て来ましょう、といって出かけました。姉と同じ道を行くと、同じように美しく髪を結った嫁御が現れ、いい声で、行けやターンタン、戻れやターンタン、とうたいます。始めのうちはそれに従って行ったり来たりしていましたが、やはり我慢ができなくなって、かまわずにずんずん行き過ぎると、一番娘と同じように嫁御に呑まれてしまいました。

二番娘もとうとう帰らないので末娘は、今度こそ私が行って山梨をとって来ますから、もうしばらく待っていて下さい、と母親にいうが早いかさっそくに身支度をして出ていきました。前と同じように美しい嫁御が出て来てうたいましたが、末娘はその通りに野を行っては帰り、山を越えては戻りして、しんぼう強く行ったり来たりしておりました。そのうちにいつの間にか、行けやターンタン、という声ばかり聞えるようになりましたので、ずんずん進んでいくと、段々田があって田水がちょろちょろと娘を導くように流れています。それについていくと野原に出ました。更にそこをのぼっていくと萱《かや》の中に山梨の実を沢山つけた一本の木が見えました。末娘は喜んで走りより、実をもぎとって入れ物という入れ物にいっぱいつめこみました。そしてもと来た道を一さんにかけもどってみれば、母親はもう死ぬばかりに肩で息をついておりました。おっかさん、山梨の実をもいで来ましたよ。さあどうぞ食べて下さい、といってすすめると、今まで寝ていた母親はおき上ってたちまち元気になり、それからは親子でしあわせに暮らしたということです。

（岩手県一ノ関市。菅原多喜子採集）

三枚のお札

むかし、ある寺の小僧が杉葉を拾いにやらされました。山へ行って拾っていると、女の人が来て、小僧さん、何をしているの、とききました。杉の葉を拾っているのだと答えると、女は手伝って拾ってくれました。夕方になったので帰ろうとすると、わたしはおまえのおばさんだよ。今度はわたしの家へおいで、御馳走《ごちそう》をしてあげるから、といいました。小僧は寺へ帰ると和尚様《おしよう》にその話をしました。ところが和尚様は、いやいや、お前にはおばはない。それは山姥《やまうば》だからそんなところへ行くものではない、と止めました。しかし小僧はどうしても行くというので、和尚様は、そんなにいうなら仕方がない。もしも困った時にはこのお札に頼みなさい、といって、ふところからありがたいお札を出して小僧にわたしてやりました。

小僧は山のおばの家を訪ねていきました。おばは小僧を家の中へ通すと、御馳走ができるまで寝てろ、といって床の中へ入れました。小僧はしばらくしてそっと見ると、炉《ろ》に大きな鍋がかかって煮えており、そばでおばが恐ろしい山姥の姿になって庖丁《ほうちょう》をといでいました。小僧は和尚様の言葉を思い出して、そのいいつけをきかずに来たことを後悔しましたが、もう仕方がありません。何とかして逃げ出したいと思って、おばさん、おばさん、便所へ行かして下さい、と頼みました。山姥はぶつぶついいながらやっと許してくれましいる中《うち》にたが、小僧の腰に縄をゆわえつけて出しました。小僧は便所の中で逃げる工夫を考えてると、山姥が、小僧、小僧、もうすんだか、とききます。まあだ、と返事をしているいたよい考えが浮かびました。腰の縄をそっと解いて便所の柱に結びつけ、和尚様からいたいたお札をそこにくっつけて、どうかおれの代わりに返事してください、と頼んでおいて逃げ出しました。何もしらない山姥は、また、小僧、小僧、もういいか、というと、便所の中のお札が、まあだ、と答えました。また、しばらくしてきくと同じように答えるので、山姥はもうこらえ切れず、いつまでいるのだ、といって腰縄をひっぱると、便所の柱がみしみしと倒れかかりました。山姥は小僧がいないのをみると、よくも逃げたな、と怒っておそろしい勢いで小僧の後を追いかけました。小僧は後から山姥がだんだん迫ってくるので、ふところからもう一枚のお札を出して、大きな川出ろ、と叫びながら後へ投げました。するとそこに大きな川ができました。山姥がそれを渡っているひまに小僧はどんどん逃げましたが、またしばらくすると追いつかれそうになりました。そこでもう一枚のお札を出して、大きな山出ろ、といって後に投げ、山姥がその山を越えている間にやっとお寺へ着きました。戸をどんどん叩《たた》いて、和尚さま、和尚さま、早くあけて下さい、というと、和尚様は、まて、まて、頭巾《ずきん》を被《かぶ》って、どっこいしょ、と腰を上げます。小僧は外から、早く、早く。和尚様は、まて、まて、足駄《あしだ》をはいて、どっこいしょ、と下におりました。小僧は足をばたばたさせて、早く、早く。和尚様は、まて、まて、杖《つえ》をついて、どっこいしょ、といってやっと開けてくれました。小僧はお寺の中へ飛び込んで、早くどこかにかくして下さい、と頼むと、和尚様はお経の箱の中に小僧をかくしてくれました。そこへ山姥が追って来てお寺中をさがしまわりました。とうとうお経箱の中に小僧がいることがわかりましたが、この箱に手をつければ手がくさるし、足をつければ足がくさるし、といってくやしがりました。

和尚様は山姥に、それじゃわしと化けくらべをしないか。わしが豆腐《とうふ》に化けるからおまえは味噌《みそ》に化けろ、というと山姥は、ようし、といってすぐに味噌に化けました。和尚様はそれを一なめになめてしまいましたところが、お腹の中で山姥があばれ出したので痛くてたまりません。小僧に節分の豆を持ってこさせて食べると、おならといっしょに鬼婆は飛んで出ました。そして、人間の腹ほど恐ろしいものはない、といって山へ逃げ帰っていったそうであります。

（秋田県鹿角郡《かづのぐん》宮川村〔現鹿角市〕。『昔話研究』一ノ二）

古箕《ふるみ》にふるしき、古太鼓

むかしむかし、ある村にだれも住んでいない荒寺がありました。いつのころからか、そのお寺には化物が出るというので、そこの住持《じゅうじ》になる坊さんがなかったのです。ところがある時、一人の旅人が来てそのお寺に一夜の宿を借りようとしました。村の人たちがここには誰も無事に泊っていったものはないから、それはやめた方がよかろうと告げましたが、この旅人は度胸《どきょう》のいい若者だったので、ほかにねるところはなし、何が出るのかしらないがとにかくここに泊めてもらおう、といってお寺の中へ入って休んでいました。やがて晩方になると、えらい大きな音がしました。若者は、これはいよいよ化物が出て来たのかな、と思ってじっと様子を見ていると、真夜中ごろになってまた、大きいとも何ともいいようのない、おそろしい音がしました。そして太鼓《たいこ》が一つ、ごろ、ごろ、ころがり出ました。太鼓とはおもしろいものが出たな、と思っているうちに、また、物凄《ものすご》い音がして今度はふるしきが出て来ました。しばらくするとまた、大きな音といっしょに、箕《み》[14]が出ました。おかしなものばかり出て来るのだな、と思う間もなく、いっそうおそろしい音がして戸棚の中から出て来たものを見れば、欠けたさわち（皿鉢）でした。するとさあ、さあ、これでみんなそろったようだなあ、ではこれから一つ始めようか、と誰かがいったかと思うと、

　ああ、ふるみにふるしき、ふる太鼓、
　戸棚の中のかけさわち、
　何でもかんでもかもうことねえ、
　ああ、どっこい、どっこい。

と唄《うた》って、太鼓と、ふるしきと、箕と、さわちが踊り始めたのだそうです。旅の男は、ほんとによくも古いものばかり集ったもんだ、と思いながらじっと見ていました。するとまた、ふるみにふるしき、ふる太鼓、と同じ歌をくり返し、くり返し歌いはやしながら、四つのものは踊りつづけました。そのうちにだんだん夜が明けてくると、太鼓は奥の部屋へ、さわちは戸棚の中へ、ふるしきと古箕もどこかへ、みんなそれぞれ逃げかくれてしまいました。

朝になって村人が旅の男の身の上を案じて来てみると、男は無事で、何のことはない、ただ古い、古いものが出て踊っただけだったといって、平気で旅立っていったそうです。古いものを捨てずにおくと、よくこんなことがあるということです。

（新潟県佐渡《さど》郡《ぐん》畑野《はたの》村《まち》。丸山久子採集）

にわか入道

むかしある村で、悪い狐《きつね》が出ていたずらばかりして困っていたころに、おれはけっして狐などにはばかされないといって、ひとりでいばっていた人がありました。その人がよそから帰って来ますと路《みち》の下の川原で一匹の狐が、朴《ほお》の木の葉を頭にのせて女になり、川の藻《も》をとってまるめて、赤ん坊の形にして抱いているのを見かけました。こん畜生《ちくしょう》、人をばかすつもりだな。よしどうするか見ておれといって、路傍の石をひろって上から投げつけますと、それがちょうど赤ん坊にあたって、一打ちで死んでしまいました。母親は泣いておこって、子供をもとのとおりにして返せといいます。なんだ手前《てまえ》は狐じゃないかというと、ますます腹をたてて承知しません。そうしていつまでたっても狐にならず、見れば見るほど人間の親子に相違ないので、それでは見そこなったか、とんだことをしてしまったと思って、いろいろと言葉をつくしてあやまりましたけれども、なかなか一通りのことでは許してくれませんでした。それではしかたがないから坊主になって詫《わ》びをするといって、近くのお寺までいっしょに行き、和尚様《おしようさま》にわけを話して頭をそってもらいました。その和尚様の頭のそりかたがひじょうに痛い。あまり痛いのでやっと正気になってあたりを見ますと、もうさっきの母親も赤ん坊もおらず、和尚もお寺もありませんでした。そうして、そってもらったと思った頭の毛は、みんな狐に食い切られていたのだったそうです。

（埼玉県秩父郡。『秩父槻川村誌』）

小僧と狐

むかしむかしある山寺に、ずいてんという小僧がありました。和尚様《おしようさま》がよそへ行って一人でるすいをしていますと、きっと狐が庫裡《くり》の口へ来て、ずいてん、ずいてんとよびました。あまり憎らしいので本堂の窓へまわって覗《のぞ》いて見ましたら、狐は入り口に背なかをむけて立っています。そうして太いしっぽで戸をこすると、ずいという音がする。それから頭を戸にぶっつけると、てんという音がするのでありました。賢《かしこ》い小僧さんだからさっそく戻ってきて、そっと戸口の脇にきて立っていて、ずいという音がした時にがらりと戸を開けますと、てんと戸を叩《たた》こうとしていた狐は、庫裡の庭へころげこみました。すぐにその戸をしめておいて、棒を持ってきて狐を追っかけましたが、そのうちに狐の姿は見えなくなってしまいました。それから本堂の方へ行ってみますと、いつの間にか本尊《ほんぞん》のお釈迦《しゃか》様《さま》が二つになっていて、どちらが狐のばけたのやら、見分けることができませんでした。なあにそんなことをしたってすぐにわかるさ。うちのご本尊様はお勤めを上げると、舌をお出しになるからまちがいっこはないといって、ぽんぽんと木魚《もくぎょ》をたたいてお経を読んでいますと、いそいで狐のお釈迦様は長い舌を出しました。それではこれからうちの仏様に、庫裡の方でお仏供《ぶっく》をさしあげましょう。狐がばけたのは残しておいてと言いながら、さっさと台所へ帰ってきますとあとからにせものの本尊様が、のこのこと歩いて出て来ました。それではまず行水《ぎょうずい》をあげましょうと、土間の大釜《かま》のなかへ抱いて入れてしっかりと蓋《ふた》をして火を焚《た》きました。そうして和尚様の帰って来られるまでに、狐のまる煮をこしらえておいたという話であります。

（山形県最上郡豊里村《もがみぐんとよさとむら》〔現鮭川村〕。『羽前豊里村誌』）

片目の爺

むかしむかし奥州のある田舎《いなか》に、爺《じじ》と婆《ばば》が住んでいました。婆はちゃんと目が二つありましたが、爺の方は片目でした。ある日の晩おそくなってから、ばあなばあな今帰ったぞと言って、右片目の爺様が左片目になって帰って来ました。ははあこれは狐だなと婆様は思いました。爺なはまた酔って来たな。酔って帰るといつものくせで、俵《たわら》さはいろうというべなといいますと、爺様はなにやまたといって、自分で俵の中へはいりました。俵さはいると上から縄をかけろというべなといいますと、俵の中の狐の爺様は、なにやまたといっておとなしく縄をかけられました。縄あかけるとまたいつものくせで、火棚《ひだな》さ上げていぶせというべなと婆がききますと、やはり狐の爺は何やまたといいました。それで囲炉裏《いろり》の上の火棚へほうり上げて、どんどんと火を焚《た》いて狐を困らせました。それからわざと魚などを焼いて、いいかおりをさせて婆一人で御飯を食べました。そうしているうちに右片目の、本物の爺が帰って来ました。それで火棚の上の左片目の爺は、とうとう狐汁《きつねじる》になってしまったそうであります。

（岩手県上閉伊郡土淵村《かみへいぐんつちぶちむら》〔現遠野市《とおのし》〕。『老媼夜譚』佐々木喜善）

たのきゅう

むかし、あるところにたのきゅうという名の旅役者がありました。母親を一人、国に残してかせぎに出ておりました。ところが母親が病気になったというしらせが来ましたので、親孝行なたのきゅうは大急ぎで国へもどることになりました。ある大きな坂にさしかかって山のふもとまで来ると、日が暮れかかりました。ふもとの茶店の婆さんは、日がくれるとこの山には大きなうわばみ[15]が出るから、とても今からでは山越えはできない。今晩はここに泊っていきなさい、といってとめましたが、たのきゅうはちょっとでも早く帰りたいと思ったものですから、婆さんのとめるのもきかず山道を登っていきました。峠《とうげ》のほこらで一休みしていると、白髪の大きなお爺《じい》さんが出て来て、おまえは誰だ、というので、たのきゅうでございます、といいました。老人は、それを、たぬきと聞き違えて、狸《たぬき》なら上手に化けるそうだが、一つわしの前で化けてみせてくれ、実はわしも人間ではない、うわばみじゃ、といいました。たのきゅうはこれがうわばみかと思うと、内心恐ろしくてたまりませんが、ちょうど芝居で使うお面をいくつか持っておりましたので、その中から女の面をとり出し、かぶって芸をしてみせました。うわばみはそれをみて、思ったよりは上手じゃ、と感心して、いろいろの話をし始めたそうです。そのあげくに、おまえの嫌いなものは何だ、とききますので、わたしは小判というものが大嫌いなのだが、おまえさんの嫌いなものは何ですか、ときいてみました。すると、わしはたばこのやにと柿の渋が大嫌いで、それをからだにつけられたらしびれて動けんようになる。おまえは狸だからいってやるのだが、必ず人間にはいってくれるな、といったと思うと、見えなくなってしまいました。

たのきゅうはほっとすると同時に、これはいいことを聞いたと思って、山から一気《いっき》にかけ下りると、もう夜が明けて、村の木伐《きこ》り爺さんがやってくるのに会いました。昨夜《ゆうべ》のうわばみの話をすると、それではさっそく村の人たちに知らせてうわばみを退治《たいじ》しようと、たばこのやにや柿の渋を集めました。これを知ったうわばみは、山から逃げていきましたが、これはてっきりあの狸がしゃべったにちがいない、仇討《あだう》ちをせにゃならん、と思いました。そしてたのきゅうの家を捜しあて、こないだの仇討じゃ、思い知れ、といいながら、屋根の破風《はふ》から小判を山ほど投げ込んでいったということであります。

（高知県高岡郡東津野村。『土佐昔話集』桂井和雄）

化けくらべ

狐や狸がいろいろのものに化けて人をだます話は、村々でよく聞くものですが、そういう化け上手の狐や狸の中には人のように名前を持っていたものもありました。むかし、ある村にお花という狐と権兵衛《ごんべえ》という狸が住んでいたそうです。ある日権兵衛狸がお花狐に向かって、お花さんは化けるのがずいぶん上手なようだが、一つわしと化けくらべをしようじゃないか、といいました。前々から化け方を自慢にしていたお花狐はこれをきくと内心たいへん喜んで、たちまち賛成をしました。そうときまれば早い方がいいから、明晩、明神様の境内《けいだい》で会おう、という約束をして別れました。お互いに相手をあっと驚かせてやろうと、一生懸命工夫をこらしてあくる晩を待ちました。お花は、いくら権兵衛さんが化け上手な狸だといってもとてもわたしにはかなうまいと、得意の美しい花嫁姿になって出かけました。明神様の鳥居をくぐろうとすると、そこにふかし立てのお饅頭《まんじゅう》が落ちています。いかにもおいしそうに湯気が立っているので、花嫁姿で気取って来たのも忘れ、手をのばしてお饅頭を拾い上げ、口に入れようとしました。その時、お花さん、勝ったぞ、勝ったぞ、と饅頭が口をききました。権兵衛狸が饅頭に化けて、日ごろ食いしんぼうのお花狐をだましたのでした。さすがの狐も時にはこのように狸に負けることもあったということです。

（福島県平市《たいらし》。『磐城昔話集』岩崎敏夫）

猫と狩人

ある狩人《かりゅうど》の家で一匹の猫を大切に飼っていました。その猫は長生きをして二十年くらいになりました。こんなに生きるのは珍しいことですが、この猫も犬のような大猫になり、いろいろいたずらばかりしてしかたがありません。棚の戸をあけて肴《さかな》をとる、犬も追いかける、おしまいには子供たちにまでとびかかっていくようになりました。狩人のおかみさんは、あんまりいたずらがひどいので腹が立ってたまりません。ある日この猫が肴を盗み出したところをつかまえて、きつく打って叱《しか》りました。猫は痛がってぎゃんぎゃん鳴いていましたが、いつかこの仇《あだ》を討とうと思っていたようです。

ある日、旦那《だんな》の狩人がいつものとおり山へ猟に行くつもりで、朝いろりに鋳鍋《いなべ》をかけ、それで鉛《なまり》を溶かして型へつぎ込んで、鉄砲の玉をこしらえていました。そのとき猫は炉端にすわってじっと旦那の手許《てもと》を見ていましたが、玉が一つできると、猫は頭をさげてうなずき、また一つ鋳あがるとうなずいて玉の数を勘定《かんじょう》している様子です。玉は十三個できました。

さて、狩人の方はそんなことには少しも気がつきません。できた玉と鉄砲を持って山へ出かけていきました。だんだん山深く入っていくと、ある岩の上に今まで見たこともないような珍しい獣がいます。狩人はさっそく、一発ドンと放ちました。たしかに手応《ごた》えがあって玉は命中したはずなのに、その獣はひょいと起き上って知らぬ顔をしてすわっています。狩人は変だなと思いながらもう一発うちました。たしかに当たったたと思うのに獣はひょいと起き上ってすわります。狩人はくやしがって、続けざまにドンドンと打ちましたが、いつまでたっても同じように平気ですわっています。とうとう朝こしらえた十三発の玉をみな打ってしまいました。

これは困ったものだ。この分ではあの獣は何か化けものかもしれぬ、こっちのたまの尽きたところでとって食おうという気かもしれぬ、どうしたらよかろうと、考えました。狩人にはまもり玉といっていつも肌身《はだみ》はなさず持っている鉄の玉が一つあります。今はもうこれを打ってみるより方法はないと、この玉をとり出してもう一度よく狙《ねら》って一発放してみますと、ふしぎにも今度は一発でころりと倒れて死んでしまいました。

狩人がさっそくその岩の上に行ってみると、何と自分の家のあの古猫が玉に当たって死んでいるではありませんか。そのそばに転がっているのは、これも自分の家で日ごろ使っている茶釜の蓋《ふた》でありました。そこで狩人はひとりで、ははあ、とうなずきました。猫は茶釜の蓋を盗み出して、玉が来るとこれを両手でかざして受けとめ、自分はそのかげに隠れてすぐひょいと顔を出していたのでした。そして玉は朝勘定した十三だけだと思って安心していて、十四発目には茶釜の蓋で防がなかったので、最後の玉で死んだのでした。もしも狩人がまもり玉をもっていなかったら、どんな目にあわされたかわかりません。

（山梨県西八代郡九一色村。『甲斐昔話集』土橋里木）

湊《みなと》の杙《くい》

むかし三河の平阪《へいさか》の湊《みなと》に、悪い狸《たぬき》がいてまいど船頭《せんどう》たちを困らせました。その狸の一番よくないいたずらは、杙《くい》にばけていて船頭に小舟をつながせることでありました。そうして舟の者がおかへ上って遊んでいるうちに、その舟をどこかへ持っていってしまうのであります。平阪の湊には杙などはちっともなかったのですが、夕方によそから来た船頭などは、狸がばけていることを知らないので、これはちょうどよいところに杙があったと、うっかりつないでおいては小舟を流してしまうのでありました。

こういう狸のいたずらにこりてしまってだんだんに平阪の湊へ遊びにくる者がすくなくなりました。そこで土地の元気のいい人たちは、これはぜひとも狸退治《たいじ》をしなければならぬと、ある月夜の晩に、縄だの棒だのを小舟の中に隠して、三、四人の若い連中がこいで出ました。土手のかげだけが少し暗くて、水の上は平一面《ひらいちめん》に白く光っている晩でありました。この辺から上っていくとよいのだが、どこにも杙がないなあと、わざと一人が大きな声でいいました。そうするといつの間にか土手の近くに、太い一本の杙がにょきと出ていました。若い人たちはお互いに目を見合わせて、少しもしらぬ顔をしてそのそばをこいで通ろうとしますと、水の中から小さな声でくいっ、くいっ、という者があります。狸は元来すこし知恵《ちえ》が足りないので、誰も気が付かぬのをもどかしがって、こんな声を出したのでした。ああここに太いいい杙があったのに、ちっとも気がつかなかったと、みなして笑って、舟の中から綱を出して、さっそくその杙をしばりました。いつもの倍以上もある長い綱でありました。それでぐるぐると丈夫に舟をつないで、それから次には棒を出して、寄ってたかってその杙を打ちました。そうするとたちまち杙が泣きだして狸のばけの皮はあらわれ、とうとう悪狸は退治られてしまったそうであります。めでたしめでたし。

（愛知県幡豆郡《はずぐん》）

味噌《みそ》買橋

乗鞍岳《のりくらだけ》の西の麓《ふもと》の沢上という村に、むかし、長吉という正直な信心ぶかい炭焼が住んでいました。ある晩、こんな夢を見ました。白髪の老人が長吉の枕もとに現れて、高山の味《み》噌《そ》買橋に行けばいいことがある、というのでした。

長吉はさっそく炭を背負って商売をしながら高山の町にやって来ました。そして一日中味噌買橋の袂《たもと》に立っていてみましたが、何もいいことなどありません。それでも何かあるかもしれないと二日、三日と立って、五日目になりました。橋のそばには一軒の豆腐屋《とうふや》がありましたが、そこの主人がやって来て、どうしておまえさんは毎日々々ここでぼんやり立っているのかと、不思議そうにききました。長吉が夢の話をしますと、豆腐屋の主人は笑いだしました。そんなつまらない夢なんかあてにして、何日も何日もこんなところに立ってるなんて、おまえさんもよっぽどどうかしているよ。私もこの間それとよく似た夢を見た。何でも乗鞍岳の麓の沢上という村に長吉という男がいるが、その男の家のそばにある杉の木の根に、宝物が埋まっている、という夢なんだ。しかしそんな村があるかどうかもわからないし、わかったところで夢なんかあてになるものか。おまえさんも早く帰って炭焼きに精出したほうがいいよ、と申します。長吉はそれを聞いて、さては、これがあの夢のいいことにちがいないと、驚いたり喜んだりしましたが、豆腐屋の主人にはそれとなく礼を述べて、大いそぎで村へ帰って来ました。帰るとすぐ家のそばの杉の木の根元を掘りますと、金や銀のお金やたくさんの宝物がざくざくと出て来て、たちまち長者になりました。村の人たちはこの長吉のことを福徳長者と呼んだそうです。

（岐阜県大野郡高山町（現高山市）『続飛驒採訪日記』沢田四郎作）

註　飛驒《ひだ》の高山《たかやま》の味噌買橋にまつわるこの話は、国外にも国内にも類例があり、いずれも橋に関した話である。「昔話覚書」の中にこれを説いた一文を収めてあるので、ここでは味噌買橋という名称について一言補っておきたい。

話の採集者、すなわち、『続飛驒採訪日記』の著者、沢田四郎作氏の調査によると（民間伝承四ノ七味噌買橋後聞）二百余年前にはまだ橋はなく筏《いかだ》をつないで渡っていたが、その後に特志家が杉の大木を伐《き》って一本橋を渡した。ところがこの橋のそばに、味噌屋六兵衛と呼ばれる味噌つくりがあって、そこの品は味もよく価も安いので川向こうからも多くの人が一本橋を渡って買いに来たので、いつとはなく味噌買橋と呼ばれるようになった。しかしこの一本橋は低いので少し水が出るとすぐ流れる。そこで橋台を高くして板橋に架《か》け替えたが、明治から大正の初年まで味噌買橋の名が使われ、大正六年かけ替えの際筏橋と改称し、てすりの柱にもこの名を彫りつけたが大ていの人はまだそのころも味噌買橋の名を使っていた。現在では五、六十くらいになる人たちでなければ、筏橋を味噌買橋と呼んでいたことを知らなくなっているという。

夢を見た息子

一人ののら息子が、ある時夢を見ました。あんまりいい夢なので、誰が聞きたいといっても話してくれません。村の名主様なら話すだろうとその家に連れていったが話さない。大黒様の前なら、と連れていったが、ここでも話そうとしません。大黒様は怒って家来たちに息子を追い払わせました。追われたのら息子はどんどん逃げてある一軒屋へとび込むとそこには鬼婆《おにばば》がいました。何の用で来た、と恐ろしい声で聞くので、息子は正直に追われて来たわけを話しました。すると鬼婆も、ぜひその夢をきかせてくれといってききませんん。のら息子が断ると、そんなら空を飛べるうちわをやるから、その代わり夢の話をしてくれというのです。のら息子は、本当に空が飛べるかどうか、ためしてみて、うまく飛べたら話そうというと、鬼婆はうちわを息子に渡しました。息子が手にとってそろそろと煽《あお》ぎますとすうーっと体が宙に浮きましたので、煽ぎながら空へ上ってそのまま逃げてしまいました。やがて海の上に出ましたが、大海の上を飛んでいるうちに疲れて来ました。どこかで一休みしようと下を見渡すと一つの小さい島があったのでそこに下りて休んでいると、その島がゆらゆらと動き出したではありませんか。びっくりした息子がよく見ると、動くも道理、島と見たのは大鯨《くじら》の背中だったのです。その鯨も息子から今までの話をきいて、もしその夢を語ってきかせてくれるなら、ふしぎの針というのをあげよう。その一つはどんな恐ろしいものでも刺せば死ぬ針で、他の一本は死んだものが生きかえる針だ、といいます。のら息子はまた、ためした上でないと話せないといって死ぬ方の針で鯨をさし殺して、先のうちわを使って陸の方へ逃げて来てしまいました。

さて陸へ下りるとそこはある城下町でしたが、町の中がなんとなく沈んで、人々は悲しそうな顔をしています。のら息子がわけをきくと、昨日殿様のお姫様がなくなったので、みんなが悲しんでいる最中だということがわかりました。のら息子は、自分はある術を知っていて死んだ者でも生き返らせることができると町の人々に話しました。するとその評判は町中に広がってさっそく殿様から迎えが来て、なくなったお姫様を生きかえらせても らいたいとのことでした。のら息子が殿様の屋敷に着くとすぐお姫様が寝ている座敷へ招《しょう》

ぜられました。息子はまだ眠ったようなお姫様の寝床のまわりへ金屏風《びょうぶ》をたて廻し、自分もその中にはいって、

金のハグハグ　金のハグハグ

と唱《とな》えながら鯨からとり上げて来た生き針をお姫様のからだへさしました。すると不思議にも死んだはずのお姫様の顔にみるみる血の色がのぼって、ぱっちりと目をあけて生きかえりました。殿様をはじめみなのよろこびはいうまでもありません。たちまち町全体がお祝いにわきかえるような騒ぎになりました。

そこでのら息子はお姫様の命の親だというので、ぜひ聟《むこ》になってくれるよう、殿様が頼みましたが、息子はそれを辞退しました。その代わりにたいそうなお金をご褒美《ほうび》にもらって家に帰り、両親と平和に暮らしたそうです。

（秋田県仙北郡荒川村水沢〈現大仙市《だいせんし》〉。『秋田郡邑魚譚』武藤鉄城）

寝太郎三助

むかしあるところに寝太郎三助といって朝から晩まで寝てばかりいる男がありました。ある朝何を考えついたのか、まだ暗いうちから起きて山へ行きましたが、晩方になって一羽の雉《きじ》を捕えて戻って来ました。そして部屋の中へとじこもって一人で何かしていました

が、あくる日の夕方になって外へ出かけていきました。その村の庄屋は源左衛門《げんざえもん》といい、おみよさんという美しい娘さんがいました。三助はその庄屋の家の樅《もみ》の木に登って、源左衛門が外から帰って来るのを待っていました。

あたりが暗くなったころ、源左衛門は帰って来ました。そしてちょうどその樅の木の下へ来たとき、三助は上から声をかけて、これこれ源左衛門、寝太郎三助をおまえの家の聟《むこ》にしないと、三日のうちにこの家を焼き払うぞ、といって、持って来た雉の尾に提灯《ちょうちん》をつけて西の方を向けて飛ばせてやりました。

源左衛門は、これはきっと出雲《いずも》の神様のお告げにちがいないと思って、そのあくる日寝太郎三助の家へ出かけていき、三助におみよの聟になってくれるように頼みました。そこで三助は庄屋の聟になって一生安楽に寝て暮らしましたとさ。

（広島県高田郡。『安芸国昔話集』磯貝勇）

だんぶり長者

むかしむかし奥州のまた奥の郡《こおり》に、だんぶり長者というとほうもない大金持ちがあったそうです。うちには三千人の家来があって、一日に百石《こく》ずつの御飯を炊《た》きました。その御飯の米をといだ白水が、米代川《よねしろがわ》へ流れてでたために、今でも米代川の水は白く濁っているのだといっております。このだんぶり長者が都にのぼって、長者の御印《ごいん》をいただきとうございますとお願い申しましたときに、長者というものには天から授かった宝物がなくてはならぬ。人間第一の宝は子宝である。その子宝があるかというおたずねがありました。私は小豆沢《あずきざわ》の大日如来《だいにちにょらい》に信心をして、授かった女の子がただ一人あります。こんども都見物のために、つれてまいっておりますと申しあげました。呼び出してごらんになりますと玉のように美しい姫でありましたので、後にとうとい方のお妃《きさき》になされたそうであります。

だんぶり長者は若いころには、正直でよく働くただの百姓でありました。山に入って小屋をかけて、夫婦で山畑をひらいて耕作《こうさく》をしておりました。ところがある日の昼休みに、大きな口をあけて畠《はたけ》の脇に昼寝をしているのを、女房が起きてみていますと、向かいの山の下から一匹のとんぼが、二度も三度もとんで来ては、男の顔の上や口のまわりをとびまわりました。ふしぎに思っているうちに目をさまして、おれは今なんともいわれないよい酒を飲んだ夢を見たといいました。そこで女房はとんぼの話をしまして、どういうわけだろうと思って、二人でその山のかげに行ってみますと、岩の下からきれいな泉が流れていて、くんで見るとそれが泉酒《いずみざけ》でありました。そうしてまたその同じ山からは、いくらでも黄金が出て来ました。その黄金をどしどしととって帰って来たので、たちまちこんな大金持ちになってしまったのであります。だんぶりというのは、奥州の言葉でとんぼのことでありまする。とんぼに教えてもらって長者になったから、それで名前をとんぼ長者と呼ぶことになりました。

（秋田県鹿角郡。『鹿角志』）

藁《わら》しび長者

むかしあるところに、貧乏人と金持とが隣合せに住んでおりました。金持には一人の娘があり、貧乏人には一人の息子がありました。ある時、貧乏人の息子が金持の家に行って、お宅の娘さんをお嫁《よめ》に下さるわけにはゆかないでしょうか、と頼みますと、金持は、おまえさんのような貧乏人に娘はやれない、けれどもこの藁しび一本をもとでにして、千万長者になることができたら、娘をやってもいい、といって、一本の藁しびをくれました。息子はそれをもらって長者の屋敷を出て来ました。外は嵐《あらし》になるのか、強い風が吹いています。ある家の前を通りますと、その家のお爺《じい》さんが風で倒れそうになっている植木を手でおさえたまま、困っています。息子は持っていた藁《わら》しびで、その植木を括《くく》りつけて動かないようにしてやりました。お爺さんは大そう喜んで、お礼に芭蕉《ばしょう》の葉を一枚くれました。息子はそれを持ってなお先へ行くと、そろそろ雨が降り出しました。そのとき、味噌《みそ》を買って帰って来る人に出会いましたが、その器には蓋《ふた》がないので味噌に雨がかかっているのです。味噌がぬれてはよくないでしょうといって、持っていた芭蕉の葉をやりますと、その人は喜んでそれで味噌を蔽《おお》い、お礼に味噌をひとかたまりくれました。

そのうち日がくれたので、盲《めくら》のお婆さんが一人で住んでいる家に泊めてもらうことにしました。貧しい家で、御飯はありますが、お菜《かず》にするものがなかったので、息子はさっきもらった味噌を出してお菜にし、お婆さんにもやりました。お婆さんはそれを一口食べて、ああ、塩から……といってとび上りました。それほど塩辛い味噌でしたが、しあわせなことには、あんまり驚いてとび上ったので、その拍子《ひょうし》に目が開いて見えるようになりました。思いがけないことで大喜びして、何かお礼をしたいと思いましたが、何もやるようなものがありません。ただお爺さんの使い古した剃刀《かみそり》が一梃《ちょう》しまってあったので、せめてものお礼心に息子にやりました。息子はそれをもらってお婆さんに別れをつげて出ていきますと、一人の浪人に会いました。侍《さむらい》とはいえ、月代《さかやき》ものび、鬚《ひげ》もぼうぼうに生《は》えて、まるで乞食《こじき》のように見えます。息子は気の毒に思って、持っていた剃刀で、鬚も月代もきれいに剃《そ》ってやりますと、見ちがえるようにりっぱになりました。侍はたいへんに喜んで、一本の脇差をくれました。

息子はその脇差を腰にさしてなお旅をつづけていくと、今度は殿様の行列に会いました。土下座《どげざ》をしておじぎをしていると、行列の中からお供の侍が一人、つかつかと息子の方に近づいて来ます。何ごとかと顔をあげるとそのお侍は、あなたのお腰のものはなかなかみごとなお品のように拝見いたします。代は望みどおりにあげますから、何とかおゆずり下さいますまいか。これは殿様の御意でございますというのでした。そこで息子はたちまちに思いがけない大金持になって家に帰り、隣の長者をたずねました。長者も約束どおり娘をくれましたので、二人はいつまでも仲よく暮らしました。

（長崎県壱岐郡志原村《いきぐんしわらむら》〔現壱岐市《いきし》〕。『壱岐島昔話集』山口麻太郎）

炭焼小五郎

むかしむかし、豊後《ひご》の国《くに》（大分県）の有名な真野《まのの》長者は、もとは炭焼小五郎という貧しいよく働く青年でありました。三重《みえ》の内山《うちやま》というところに小屋を建てて、一人で炭を焼いて暮らしておりました。この小五郎の小さな寂しい炭焼小屋へ、都から美しいお姫様が、たずねてくだって来られました。私は京の清水《きよみず》の観音様のお告《つ》げを受けて、あなたの家へお嫁に来た者です。今日からこの小屋においてくださいといいました。せっかく遠い都からはるばると嫁にきてくださったのはうれしいけれども、この小屋には今晩二人で食べるだけのお米さえもありませんと言いますと、それならば町へ出てそのお米を買って来て下さいと、お姫様は錦《にしき》の袋の中から、二枚の小判《こばん》を出して炭焼小五郎に渡しました。小五郎はその黄金を手に持って、山をおりて町へ食べ物をもとめに行きました。内山のふもとには谷川が流れています。その岸には川楊《かわやなぎ》の林がしげって、そのかげが静かな淵《ふち》になっていました。林の中の道を小五郎が通っていますと、二羽のおし鳥がその淵の上に遊んでおりました。小五郎はそれを見かけて立ちどまって、手に持つ二つの小判を礫《つぶて》にして、その鳥を打ちました。よくねらって打ったのですが、おし鳥は飛んでにげ、小判は水の底に二つとも沈んでしまいました。それでしかたがないのでまた山の小屋へ戻ってきました。いま途中で水鳥をみつけたから、捕って来てあげようと思ったが、あたらなかったと申しました。

花嫁はそれをきいてびっくりしました。あれは大切なこの世の宝で小判というものであります。あれだけあればたくさんの米や魚鳥が買えるのに、惜しいことをなされましたといいました。そうすると炭焼小五郎もはじめて知って、たいへんに驚きました。あの石がそんなにとうといこの世の宝だとはすこしも知らなかった。それならばこの小屋のうしろの山に、いくらでもあの色をした小石がころがっているといって、さっそく二人で松明《たいまつ》をつけて見にいきますと、果して小五郎の話したとおり、一谷の小石はことごとく純金《じゅんきん》でありました。それを拾ってきて小屋の中にはこび入れますと、たちまち炭焼小屋が一ぱいになったので、その残りは小屋の外につみ上げておきました。町や里の人たちはそのことを聞いて、われもわれもといろいろな物を売りに来ました。そうして黄金を分けてもらうために、みなが小五郎夫婦のために働いてくれました。そこで三重の内山にはおおきな屋敷を開き、また観音の御堂をたてて信心しました。奥州のだんぶり長者と同じように、玉のような、きれいな姫が生れて、のちに都にのぼってお妃《きさき》になり、家はますます栄えました。

もとが炭焼であったから、それで炭焼長者と人がいいました。（大分県臼杵市《うすきし》『俚謡集』）

金の椿

むかしむかし、ある国に短気の殿様がありました。ある日、宴会が夜おそくまでつづき、奥方が思わずあくびをされたのを見て、殿様はたいへん怒り、奥方を一人船にのせて島流しにしてしまいました。船は波のまにまに漂《ただよ》ってあるさびしい島に流れ着きました。奥方は島人に助けられて、今までとはうって変わった島の暮しをおくることになりましたが、間もなく殿様のお子を生みました。玉のような男の子でしたが、島の子らと同じように育てられました。十二歳になった時、他の子供たちにはみな、父と母がそろっているのに、どうして自分にはお父さんがなくお母さんばかりなのかと、不思議に思い、母親にそのわけをたずねました。母はそれでは話してあげよう、といって、実はお前は遠い国の殿様の子であるが、自分のお腹の中にいたときに自分があくびをした罪で島流しにされたことをはじめて話してきかせました。子供はそれをきくと、今からすぐに父に会いにいこうといって旅立ちました。やがて父のいる城の近くへ来ると、山に椿《つばき》の花がたくさん咲いています。何と思ったか息子はその枝を折りとりました。そして、それを持って城の門の前へ行き、金の椿はいらんか、金の椿はいらんか、と大声でよんで歩きました。殿様がその声をきききつけて、その者をつれて来てみよ、との仰せです。間もなく家来がつれて来たのをみると、男の子が、普通の椿の枝を持っているので、こんなものを金の椿などとふれ歩くのはふとどき者、ととがめました。男の子は、いえ、いえ、これはあたりまえの枝に見えますが、決してあくびをしない人が植えれば金の花が咲くのです、と答えました。何を馬鹿なことをいう、この世の中にあくびをしないものがあろうか、と殿様が笑うと、子供はすかさずに、でも殿様は、たった一度、あくびをしたというばかりで大事な奥方を島流しにされたではありませんか、といいました。殿様は、はっとして、一時の短気から奥方を罪におとした非を悟《さと》り、島から奥方をよびよせて、三人ともども幸福に暮らしましたということです。

（福井県。『福井県郷土誌』第二輯民間伝承篇）

鶯《うぐいす》姫

むかしむかし駿河《するが》の国（静岡県）に、一人の爺《じじ》がありました。山で竹を伐《き》って来ていろいろの器《うつわ》を作り、それを売って渡世《とせい》にしていたので、竹取りの翁《おきな》といい、また箕《み》作りの翁とも古い本には書いてあります。この箕作りの翁はある日竹林に入って、鶯《うぐいす》の卵が巣の中でただ一つ、ことに光りかがやいているのを見つけました。それを大切に家に持って来ておきますと、おのずと殼《から》がわれてその中からまことに小さな美しいお姫様が生れました。

鶯の卵から生れたゆえに鶯姫と名をつけて、自分の子にして育てました。だんだんに大きくなって、後にはまたとないようなきれいなお姫様になり、光り耀《かがや》くゆえにまたかぐや姫ともよばれました。箕作りの翁の伐ってくる竹の節《ふし》の中には、いつでも黄金が一ぱいつまっているようになって、もとは貧乏であった老人が、わずかのうちにたいそうな長者になってしまいました。その長者の美しい姫のところへ、聟《むこ》になりたいといっていろいろの人がたずねて来ましたが、いつも長者の親子からむつかしい問いをかけられて、それが答えられないので困って帰っていきました。時の天子様はかぐや姫の光りかがやくような美人であることをお聞きになって、狩《か》りのお遊びのついでをもって駿河国まで姫を見においでになりました。そうして都にのぼってお妃《きさき》になるように、おすすめになりましたけれども、思うところがあってこれをさえご辞退《じたい》申し上げました。その年の秋の八月十五夜に、月の光が清らかに、空一ぱいに照り渡っているとき、まっ白な雲が迎えに来まして、かぐや姫親子は富士の山の上から、天へのぼっていってしまったそうであります。そのおりにこの一首の歌をそえて、死なぬ薬というものを天子様にさし上げました。

今はとて天《あま》の羽衣《はごろも》きる時ぞ君をあわれと思い出《い》でぬる

天子様はこの和歌をごらんになって、たいそう悲しみなされたということであります。

そうして死なぬ薬にも用はないとおおせられて、天にもっとも近い富士の山の上に持っていって、それを焼いてしまうように命ぜられました。それから久しいあとまで、富士の煙といって、つねにこの山の頂上が燃えていたのは、その薬を焼きすてた煙がながく残っているのだと言い伝えていたそうであります。（海道記）

瓜子《うりこ》姫

むかしむかし爺《じじ》と婆《ばば》とがありました。爺は山に行って薪《たきぎ》をきり、婆は川に行って洗濯《せんたく》をしました。ある日いつものように婆が川へ行くと、川上の方から瓜《うり》が一つ流れて来ました。それを拾って来て爺と二人で割って見ると、その中からまことに小さな、美しい女の子が生れました。瓜の中から生れたので、瓜子姫と名をつけてかわいがってそだてました。だんだんに大きくなって、後にはよい娘になって毎日毎日機《はた》を織《お》りました。今年の鎮守様《ちんじゅさま》のお祭りには、瓜子をお参りに連れていこうと思って、爺と婆とはお駕籠《かご》を買いに、二人で町へ出かけました。るすにはぴったりと戸をしめて、なかで瓜子姫が機を織っていますと、あまのじゃくがやって来てつくり声をして、この戸を少しだけあけてくれといいました。瓜子はついうっかりと戸を細目にあけてやると、それから恐ろしい手を入れて、あまのじゃくが戸をがらりとあけました。裏の柿の実を取って上げましょう瓜子さんといって、瓜子を裏の畑へつれて出て、裸にして柿の木へしばりつけました。そうしてあまのじゃくが瓜子の着物をきて、ばけてしらぬ顔をして機を織っています。そこへ爺と婆とは駕籠を買って、町からかえってきました。さあさあ瓜子姫お駕籠を召せといって、あまのじゃくを駕籠にのせて鎮守様へ詣《まい》ろうとしていると、裏の柿の木のかげからほんとうの瓜子姫が、瓜子を乗せないでようよう、あまのじゃくばかり駕籠に乗せてようようと、大きな声で泣きました。爺と婆とはその声をきいて、びっくりしてひきかえして来て、それから爺は鎌《かま》をふりあげてあまのじゃくの首を切って、黍《きび》の畑にすててしまいました。黍の茎が秋赤くなるのは、そのあまのじゃくの血が染まったからだそうです。

（島根県。『日本伝説集』高木敏雄）

竹の子童子

むかし、三吉という桶屋《おけや》の小僧がいたそうです。ある時、裏の竹山へ、樋《とい》につかう竹を伐《き》りに行きました。するとどこかで三吉を呼ぶ声がするので、はて、誰だろうと独り言のようにいいますと、三ちゃん、ここだよ、ここだよといいます。三ちゃんがまた、どこにいるのかな、というと、ここだよ、竹の中だよ、というので、三吉は竹のそばに来て見たけれど誰もいません。ふしぎに思って立っていると、三ちゃん、おれを竹の中から出しておくれ、といいました。そこで三吉は急いで鋸《のこぎり》でその竹を伐《き》り倒すと、中から小さい小さい子供が出て来ましたので、三吉は腰を抜かさんばかりに驚きました。よく見ると五寸(約一五センチ)ばかりの人間で、ありがとう、三ちゃんといいました。体の割合には大きい声を出します。三吉はその小さい人を掌《てのひら》にのせて話をすることにしました。まず、竹の中にいたわけをききますと、悪い筍《たけのこ》に捕えられて、竹の中に入れられてしまったので天に帰ることができなかった。そこへちょうど三ちゃんが来たので助けてもらったんだよ。こんなうれしいことはないね、といいます。三吉は、おれの名をどうして知っていたのかな、ときくとおれは世界中のことは何でも知ってるよと言います。名をきくと、竹の子童子《どうじ》と答え、年は千二百三十四歳だよといいました。君はすぐ天に帰るの、ときくと、すぐ天に帰るのだが、その前に、恩返しをしないと帰ってからお姫様に叱られるから、お礼をしてから帰るといいます。三吉は、おれにお礼をするって、どんなことをするんだいとたずねると、おれ、七ツだけ三ちゃんに好きなことをしてやろう、といいます。ほんとかい、嘘《うそ》じゃなかろうなと念を押すと、天人は嘘をいわないよと竹の子童子は答えました。

そしてふしぎな呪《まじな》いの文句を教えてくれました。三吉は以前からお侍になりたくてしかたがなかったので、教えられたように、

竹の子　竹の子
お侍になあせ

と三べん唱えると、三吉はたちまち本当のお侍になりました。そこで竹の子童子にあつくお礼をいって、武者修業の旅に出かけていったということです。

（熊本県球磨《くま》郡《ぐん》。『昔話研究』一ノ八）

米《こめ》ぶくろ粟《あわ》ぶくろ

むかしむかしあるところに、姉と妹と二人の娘がありました。姉の名は米ぶくろでなくなった母の子、妹の名は粟《あわ》ぶくろで今の母の子でありました。継母《ままはは》はいつも姉の米ぶくろを憎んでいじめていました。ある日村の娘たちといっしょに、二人は山に栗を拾いにいくのに、姉には底のくさった古叺《かます》[16]を持たせ、妹の粟ぶくろには新しいこだす[17]を持たせてやりました。もう夕方になって、どの娘も栗を一ぱい拾ったからさあ帰ろうといいましたが、米ぶくろの叺だけは底がぬけているので、いつまでも一ぱいになりません。それで友だちがみな帰ってしまって一人だけ山の中に残されました。おなかがすいてしようがないので、谷におりて水を飲んでいますと、白い美しい一羽の小鳥がとんで来ました。かわいい娘、私はもとはおまえの母親であった。おまえはおとなしくて今のお母さんによくつかえている。そのごほうびにはこの小袖《こそで》を上げる。つねには土の中にかくしておいて、ことのある時には出して晴れ着にきるがよいといって、それに葵《あおい》の笛と新しいこだすとをそえて、米ぶくろに与えました。新しいこだすをもらったので、栗の実がすぐに一ぱいになりました。それをしょって晩に家へもどって来ました。

それからまた四、五日して、隣の村にお祭りがありました。継母は栗ぶくろによい着物をきせて、そのお祭りを見に出かけていきます。姉の米ぶくろも行ってみたいというと、おまえは麻糸を三結び績《う》んで、それがすんだなら来てもよいといいました。それでいっしょうけんめいに苧《お》を績《う》んでいますと、友だちが大勢で誘いに来ました。わたしはこのしごとを母に言いつけられたから行かれぬというと、友だちがあわれに思って手伝ってくれましたので、思いのほかに早くしごとがかたづきました。それから白い小鳥にもらった小袖を出してきて、きれいになってみなと出かけました。みちみち歩きながら葵の笛をふいてみると、

　この笛をきくものは
　天とぶ鳥は羽をよどめてきけ
　地をはう虫は足をよどめてきけ

と、いう声にひびいたそうであります。

隣り村のお宮に詣《まい》ってみますと、妹の粟ぶくろは母と一しょに、人形の舞いを見ていました。姉の米ぶくろは饅頭《まんじゅう》の皮を、そっと妹に投げつけてみると、頬《ほお》にあたりました。あれ姉さんがあそこから、私に饅頭の皮を投げたというと、いやいや米ぶくろには用がいいつけてある。なんでいまごろ来るものかといって、母親はほんとうにしません。それからまた少したって、妹があちらを向いているときに、今度は飴《あめ》のつつみの竹の皮を投げてみました。それも妹がそういっても母親は信じません。それは誰か似た人ででもあるだろう。人に物を投げられたらわきを向いていろといいました。

そのうちに母と妹がもう帰りそうにするので、米ぶくろは急いで先にもどってきて、着物をきかえてしらぬ顔をして待っていました。その次の日には隣村の人から米ぶくろを嫁にほしいといって来ました。継母は妹の方をもらってくれといいますので、それならば二人のきりょうくらべをして、美しい方にきめようということになりました。二人がお化粧《けしょう》をするのに髪には何をつけようかと妹がきくと、棚《たな》から油をもってきて塗ってみろと教え、櫛《くし》姉が問うと水屋の流しもとの水でもつけろといいました。粟ぶくろの髪は癖毛《くせげ》だから、櫛にひっかかってぴんぱらぴんぱらと鳴りましたが、それを母親は琴《こと》か三味線《しゃみせん》かの音のようだといってほめ、米ぶくろの髪の毛がすなおでたくさんあって、櫛が通ってじょらじょらとするのを、まるで糞蛇《くそへび》が穴に入ってゆくような音だとけなしました。それでも髪を結ってしまいますと、誰が見ても姉の方がはるかに美しいので、とうとう嫁にもらわれていってしまいました。妹の粟ぶくろは、それを見てうらやましくてたまりません。私も早くあのようなりっぱな駕籠《かご》に乗って、嫁入りがしてみたいといって母親をせがみました。母親はしかたがないので荷車に妹をのせて嫁はいらぬか嫁はいらぬかと、大声にふれてあるくうちに、その車がころげて、娘は田におちて田螺《たにし》になり、わるい継母は堰《せき》におちて、堰貝《せきがい》になってしまったそうであります。

（青森県西津軽郡《にしつがるぐん》鰺ガ沢町《あじがさわまち》七ッ石《ななついし》。『津軽口碑集』内田邦彦）

山姥《やまうば》の宝蓑《たからみの》

むかしむかしある山国のいなかに、美しい一人の娘がありました。春の日に村の人たちと山へ遊びにいって、路《みち》をまちがえて自分だけ、遠くの方へ行ってしまって、帰ることができなくなりました。そのうちにだんだん日が暮れてきて、どっちへ行くのがよいかと思って困っておりますと、むこうにたった一つ灯火《あかり》が見えるので、大喜びでたずねていきましたら、それが山姥《やまうば》の家で、山姥が一人でいろりにあたっていました。せっかくたずねて来たけれども、ここは人を食う者の住居《すまい》だからとめてやることはできぬ。なみの人間の家をさがすほうがよいといいました。娘はこれを聞いてぞっとしましたが、もう食べられてもかまいませんからどうかとめて下さい。どうせ今夜のような暗い晩に、これから山の中を歩いていれば、熊か狼《おおかみ》かに食べられるにきまっております。それよりもここで食べられた方がまだよいからといいました。

山姥もそれを聞いてあわれに思いました。それではだいじな私の宝物だけれども、宝蓑《たからみの》という物をおまえにあげるから、これをかぶってもっと先へ行くがよい。この蓑を着て唱えごとを三べんすると、老人にでも子供にでも、自分の思ったとおりの者のすがたになれる。またほしいと思う物はこの蓑を持ってふると、なんでも出てくるからといって、きれいな一枚の蓑をくれて、使いかたを教えてくれました。娘は喜んでその蓑をもらって、さっそくよぼよぼのお婆さんの姿になって、山姥の家から出てきました。途中には恐ろしい鬼が集まって、待ち伏《ぶ》せをしているところもありました。あれ人が通る、取って食おうかという鬼があると、よせよせあんなきたないやせた婆《ばば》あを食ってもつまらないとほかの鬼どもがとめました。そうしてようやく夜の明けるころに、知らぬ里に出てきて、ある長者の門の前に立ちました。私は行くところもない者です。どこのすみにでもよいからおいて下さいというと、情深い長者で、それでは長屋のあいているところにいるがよいといってくれました。

それからその長屋にいて、昼は糸つむぎなどをして暮らし、夜はたいくつなものだから、誰も知らぬ間だけそっともとの娘になって、手習い[18]などをしておりました。長者の息子がある晩おそくなって外に出てみますと、長屋にたった一つともし火の光がさして、のぞいて見ると美しい娘が一人静かに手習いをしています。どうかあの娘を嫁にほしいものだと思って、つぎの日屋敷中をさがして見ましたけれども、もうそんな女はどこにもおりません。ふしぎなこともあるものだと思っていると、こんどは家の下男がどうかしてその姿を見つけまして、ばけ物かもしれぬと思ってそのことを長者どのに話しました。それでさっそくこの婆をよんで来て、だんだん証拠《しょうこ》を出してせめてみますと、娘はもうしかたがないので、山姥にもらって来た宝蓑の話をしました。そうしてその蓑をぬいで娘の姿にもどって、自分の家とところをくわしくいって、どうか私の家へとどけてくださいと頼みました。長者の力でさがしてみると、娘の家はやがてわかりました。家ではもう死んだ者と思って、お祭りをしていたそうであります。それを送りかえしてやると、大さわぎをして喜びました。それからしばらくしてその娘を、長者の家の嫁にもらうことになって、一家仲よくみな栄えたそうであります。めでたしめでたし。

（山梨県。『国民童話』石井研堂）

姥《うば》皮《かわ》

むかしむかし、田んぼをたくさん持った父様《とさま》がありました。毎朝田の水を見にいくのがならわしでしたが、ある年は干照りがつづいて、いつ行ってみてもひびが入るほどからからにかわいていました。その近くに沼がありましたが、ある朝その沼の廻《まわ》りを歩きながら、おれは娘を三人持っているが、あのかわいた田に水をかけてくれたら一人嫁にやるけれどなあ、と独り言をいいました。すると次の朝行って見た時には田にたっぷりと水がかかっているではありませんか。父様はこれはたいへんだ田に水がかかったのはありがたいことだが、沼の主の蛇に娘を一人くれなけれゃならないと思うと、心配で心配で夜も寝られません。朝になっても起きる元気もありません。

するとー番上の娘が、お父様、いつまで寝ているのですか、もう起きて飯《まま》あがれ、と呼びに来たので、心配ごとがあって飯も何も喉《のど》へ通らないといいますと、何がそんなに心配なんですかとききます。いままで、毎朝田へ水を見にいってもいつでもかわいてひびが入ってるので、昨日の朝、沼のまわりを廻りながら、俺ら娘を三人持ってるけれども、俺の田へ水をかけてくれたら、一人嫁にくれるけれどもなあって独り言をいった。今朝行ってみると、たっぷりとたくさん水が掛かっているのだ。そういうわけだが、おまえ、沼の主のところへお嫁に行ってくれないか、というと娘は、俺らほの父様のような馬鹿もないもんだと相手にもしません。今度は二番目の娘が、飯あがれと呼びに来たので、さっきのように話をしてみましたが、これも姉さんとおなじでまるで相手にしてくれません。

今度は三番目の娘が呼びに来ましたので父様はまた同じように話をして、おまえ、嫁に行ってくれないかときくと、父様のいうことなら何でもきくけれど、その代わり俺のいうことも聞いて下さい、といいます。それは嫁入りのときに、水とり玉と針千本と火とり玉を買って持っていくことでした。父様は、やっと安心したので、起きて飯を食べました。三番目の娘は水とり玉と火とり玉と針千本とを持って馬に乗って沼の主のところへ嫁にもらわれていきましたが、いよいよ沼のところへ着いて馬から降りると水とり玉を沼の中へ投げ込みました。すると見ている間に水がひいていきます。次には針千本をぱらっとまくと、沼の主に刺さったので、痛がってごろごろとあばれまわりました。次には火とり玉をぶーんと投げますと、そこら一面が火になって燃えてしまい、とうとう娘だけがそこに残りました。

どうしたらよかろうかと、ぼんやりと立っている娘の足もとへ、ぴたらぴたらと一匹の蛙がはねて来て、姉様《あねさま》々々、どうしてこんなところで一人で立っているのですと言うので、娘はいままでのわけを話して、ここらでどこか私を使ってくれるところはないだろうかと尋《たず》ねました。すると蛙は、そんな姉様のようなきれいな恰好《かっこう》をしているといけないから、俺がこの姥皮をくれるから、これを着てあっちの村の方へ行ってみるがいいといいました。娘がその姥皮を着てみると、たちまちに腰の曲った婆さんになったそうです。

さて村の方へ下っていって、ここなら使ってくれるだろうと思って大きい家へ行って、庭掃きでもいいから私を使ってくれませんかといいました。すると旦那様《だんなさま》のところへ連れていって、こんな婆さんが、庭掃きでもいいから使って下さいといって来ましたというと、旦那は、腰も曲っているし庭掃きにはちょうどいいだろうといって雇ってくれました。そして庭の隅に婆の部屋をこしらえてくれるといって、みなでがびつ、ががびつとちょっとの間に部屋をこしらえてくれました。その婆様は、昼間は腰の曲った婆様でも、夜になると自分の部屋で姥皮を脱いできれいな姉様になって、あかりをつけて本を読んでいました。

ある晩そこのえな様（若旦那）が夜遅く外から帰って来ると、婆の部屋にあかりがついているので、変だと思って覗《のぞ》きこんでみるときれいな姉様が本を読んでいるのです。不思議に思って次の夜も覗いてみましたが、やっぱり同じように美しい姉様がいます。えな様は、おかしいこともあるものだ。まさかあの庭掃きの婆様は狸や狐じゃないだろうが、いったいどうしたことだろうと思っていましたが、うつくしい姉様のことが忘れられず、そのことばかり考えて食べ物も喉に通らず、とうとう病気になって床についてしまいました。

家の者はみんなで心配して、代わる代わるお膳《ぜん》を持っていっては、えな様にすすめますが、誰が行っても見向きもしません。そのうちにからだは弱るばかりですので、旦那様は、誰かえな様の気に入りの者はいないか、もう家のうちには持っていかない者はないか、と聞くとかが様（奥様）が、庭掃きの婆様が一人残っているだけだといいます。旦那様は、それじゃあの婆様に御膳を持たせてやってみようというと、誰があんな婆様の持っていった御飯が気に入ろうか、とかが様は笑って相手にしません。旦那様は、そういうものじゃない、物はためしということもあるからといいます。そこで婆様は姥皮をぬいで風呂にはいってちゃんと身じまいをしますと、びっくりするくらいきれいな姉様になりました。そしてえな様は、はじめてにっこりと笑って喜んで御飯を食べました。旦那様はえな様がこの姉様を好きだったということがわかりましたので、さっそくおめでたい結婚のお祝いをしました。それでこの家もますます栄えたということです。

（岩手県二戸《にのへ》郡《ぐん》福岡町。佐藤良裕採集）

絵姿女房

むかしむかし、島一番の貧乏だという評判の、独《ひと》りぐらしの若者がおりました。その家は九尺（約二・七メートル）四方という小さな家で、畑もその家のそばに少しばかり持っているだけでしたから、今日は食べ物があっても明日は何もなくなるというような貧乏な暮しでした。

その若者が、小さな畑に藷《いも》を植えようと思って耕《たがや》していると、急に目の前に、それこそ天から降ったか地から湧《わ》いたかと思うような美しい女の人が立っていました。若者は驚いてぼんやりしていると、その女の人は地面にすわって両手をついて、ぜひ私をあなたの妻にして下さいといいます。若者は、私は自分一人が食べてゆくのもやっとのような暮しですから、あなたのようなきれいな人を養うだけの力はありません。あなたはきれいでどんなお金持のところへでもお嫁にゆける人ですから、どうか私の妻になろうなどとは思わないで下さい、と断ると、その女は、私はあなたのほかは世界中の誰の妻にもなりません、と申します。

若者は困ってしまって、そのまま自分の家に戻って来ましたが、その女もあとからついて来て、汚なくしてある家のあちこちを掃除してくれます。食べる米がないというと、それでは私が持って来ましょうといって、畑に出て種をまくとすぐ稲が生えました。見ている間に実って一時間ぐらいたつともうお米をもって来て御飯に炊《た》きます。こんな風にしてその女は荒地をどんどん拓《ひら》いていったので、たちまちに大地主になりました。また若者の着物がやぶれているといって、蚕《かいこ》を飼い糸をとって織るとたちまちに着物ができる、家も狭いので大きな木造りの家を建てる、倉もできる、こうして若者は村で指折りの大金持になりました。

男は相変わらず毎日畑に出ていきますが、すぐに戻って来てしまうようになりました。ある日妻は夫に向かって、あなたは昔は働き者という評判だったのに、どうしてこのごろはすぐに帰って来てしまうのですかと尋ねますと、私は一時間でもお前の顔を見ていないと仕事ができないのだ、といいます。妻は、それならいいことがある、これを持っていきなさいと自分の姿を書いた絵を出して来て夫に渡しました。男は畑に杭《くい》を立てて、それに妻の似顔の絵をかけて時々ながめては仕事に励んでいましたが、そのうちに強い風が吹いて来て絵はどこかへ吹きとばされていってしまいました。男はがっかりして家へ帰って妻にその話をしますと、妻はまた新しい絵姿を出して来て夫に渡しました。

一方、吹きとばされた絵姿は、空を舞った末、殿様の家の縁側に落ちました。それを見付けたのは殿様で、しばらく感心してながめていましたが、家来に向かってこんなきれいな女の人は、実際にこの世にはいないだろうねというと、家来たちも全く絵だから美しいのでしょうと話していました。すると一人の家来が進み出てじいっと絵を見ていましたが、さていうには、この女の人は実際におりますよ。家はここから二里（約八キロメートル）ばかり離れたところで、もとは貧乏だった男の妻となっています。どこかからこの女が嫁に来てその後だんだん家屋敷を建て広げて、今では村で二、三番という金持になりました。そんなにこの女の人がお気に召したのなら、さっそくお呼びよせになったらよろしいでしょうと申しました。殿様はしばらく考えていましたが、よし、それでは、とさっそく男のところへ命令を出しました。

おまえは相撲《すもう》とりを二人つれて来い、自分も二人頼んでおく。この相撲におまえの方が勝ったら五百両の金をつかわす、もし自分が勝ったらおまえの妻を自分のもとへ差し出せ、というのでした。この難題に夫は涙を流して悲しんでいると妻は、決して心配なさいますな、私が相撲とりを頼んで来ます、と出ていったと思うと間もなく七十歳と八十歳になる二人のお爺《じい》さんを連れて来ました。夫はそれを見て、そんな年寄りに相撲なんかとれるものか、もうこれではおまえと別れ別れに暮らさなきゃならないといってまた泣きました。するると妻は、心配しないで連れていきなさいというので、二人をつれて殿様のところへ出かけていくと、そこには四斗樽《しとだる》のような大きな体をした相撲とりが二人いました。大勢の家来たちは、男のつれて来た年寄を見てみんなでくすくす笑っています。最初に殿様の方から恐ろしく大きな体の相撲とりが出て来て四股《しこ》をふみますと、男の方から七十の爺さんが出ていきました。ヤッといって取組みが始まったと思ったら、爺さんが四斗樽のような男を投げ出して、地面に一尺（約三〇センチ）叩《たた》き込んでおりました。次に出た八十の爺さんも相手を地面に二尺（約六〇センチ）叩き込んでしまいましたので、殿様の負けとなり、約束どおり男は五百両の金をもらって喜び勇んで家に帰って来ました。二人の年寄には百両ずつのお礼をして、帰しました。

するると妻がいうのには、これで私のつとめは終わりました。今日限りお暇《いとま》をいただきたいと申します。男はびっくりして、どうしてまた急にそんなことをいうのか、おまえと別れるくらいなら死んでしまいたいと妻の手を握って嘆きました。そんなことをいうものじゃありません。それではあなたの摑《つか》んでいる手だけ上げましょうと、その場で手を切ってどこかへ行ってしまいました。その夜男は妻のことばかり考えてなかなか眠れませんでしたので、翌朝はすっかり寝坊をしてしまいました。目をさまして独りになった家の中にぼんやりすわっていると外を通る人の声がきこえて来ます。この男の家の後にはお社があって、そこへお参りに来た人々の話し声でした。ふしぎなことがあればあるものだ。今日は男の神様二人は首に百両ずつのお金をさげているし、真中の女の神様は片腕が切れている。これはいったいどういうわけだろう、と話し合っているのです。男はとび上るほどびっくりしました。さては、自分の妻と思っていたのは神様だったのか、もったいないことをしたと、大急ぎできのうの腕を持ってお宮に行きました。やっぱり女の神様の片腕はありません。男は、神様とも存じませず、本当に申しわけないことを致しました、とその腕を捧《ささ》げてうやうやしく拝みました。しばらくして顔をあげて見ると、女の神様の腕がきれいにつがれて元どおりになっていました。男が正直者だったので神様が助けて下さったのでした。

（鹿児島県奄美大島名瀬〔現奄美市〕。『昔話研究』二ノ七）

竈神《かまどのかみ》の起り

むかしむかしある村に一人の百姓がありました。旅から帰って来る途中で、夜に入って俄雨《にわかあめ》が降って来たので、しばらく路傍の道祿神《どうろくじん》の森のかげに、雨宿《あまやど》りをしておりました。

そうするとその森の前を馬に乗ってゆく人があって、暗いところから声をかけました。道禄神はお宿《やど》ですか、今夜は何村にお産《さん》が二つあります。これからごいっしょに生れ子の運《うん》をきめにまいりましょうといいました。森の中からまた返事をして、せっかくお誘《さそ》い下さったけれども、いまはちょうど雨宿りの客があって、手がはなせませんからよろしくねがいます。さようならば一人で行って来ますといって、馬の足音が遠くなりました。何村というのは自分のところのことですから、これはふしぎなことだと気をつけておりますと、わずかばかりの後にその馬の主は帰って来て、また表の往来から声をかけていきました。本家の方は男の子、分家の方は女の子、女は福分《ふくぶん》があって男は運がありません。これを夫婦にすれば女房の運で栄えるでしょうといいました。

百姓は思いがけず、今日の赤子の運定めの話を立ち聞きしまして、急いで村に帰ってみますと、ちょうど自分の家に男の子が生れ、となりの分家では女の子が生れていましたので、すっかり驚いてしまいました。それでさっそく相談をしてとなりどうしで今から縁組の約束をしました。二人が大きくなって夫婦になりますと、なるほど家はだんだんに繁昌《はんじょう》しましたが、それを女房の運がよいおかげだと、思っていることは亭主《ていしゅ》にはできませんでした。後にはおいおいと気に入らぬことばかり多くなったので、赤飯《せきはん》をたいて赤牛にゆわえつけ、その赤牛に女房を乗せて、しいて遠くの野原へ追いはなしてしまったそうであります。

女房は泣きながらその赤牛に乗って、どこへでも牛の行くなりにまかせておりますと、だんだんと山にはいって山中の一軒家の前にきてとまりました。その家の主人はしんせつな男で、いろいろとせわをしてくれますので、ほかに行くところもないから、とうとうその一軒家の嫁になりました。そうすると見ているうちにこの家の暮しがつごうよくなって来ました。後にはあまたの男女を使ってなに不自由のない身分になりました。そのちょうど同じころから、女房を追い出した本家の方では、損をするようなことばかりつづいて、次第に身上《しんしょう》が左前になり、しまいには親代々の田畑までなくして、零落《れいらく》して笊《ざる》売りになってしまいました。その笊売りがそちこちを売り歩いているうちに、あるときひょっこり山のなかの、りっぱな一軒家にやって来て、持っていた笊を残らず買ってもらいました。それから後もほかへ行ってはすこしも売れないので、毎日のようにこの山中の一軒家に来て頼んで笊を買ってもらうことにしていましたが、ある日その家のおかみさんがつくづくと笊売りの顔を見ていて、どうしておまえさんはそのようにおちぶれたか、もとの女房も見忘れてしまったかというので、はじめて気がついて見ると、なるほど前の年赤牛に乗せて追い出してしまった自分の妻であったので、びっくりぎょうてんして泡をふいて死んでしまったそうであります。

女房はそれをみてかわいそうに思いました。そうして誰も知らぬうちに、そっとその死骸《がい》を竈《かまど》のうしろの土間に埋めて、自身で牡丹餅《ぼたもち》をこしらえて供えました。その日そとに出ていた家の人たち下女下男などが帰って来ますと、今日は竈のうしろに荒神様《こうじん》をまつって、そのお祝いに牡丹餅をこしらえたから、いくらでも食べるようにといいました。それがはじまりで今でも百姓の家では、牡丹餅をこしらえて竈の神のお祭りをするのだそうであります。

（千葉県長生郡。『南総乃俚俗』内田邦彦）

寄木の神様

むかし、あるところに釣《つり》の好きな漁夫がありました。ある暁方、朝釣りに出かけましたが、少し早過ぎたので、しばらく潮待ちをしていました。砂浜にころがっている寄木を枕にしてうとうとしていると、近くの波打際で人のよぶ声がしました。寄木どん、寄木どん。近くの村でお産がありますから、さあいっしょに行ってイヤギサシして来ましょう、というと、枕にしていた寄木が、私は今運悪く人間に枕されてどうにも動けませんから、ご迷惑でも今日はお一人で行って下さい、と答えました。漁夫はこの話をきいて、不思議なこともあるものだと思っていると、しばらくして、また、先刻の声がして、今帰って来ました、といいます。すると、寄木が、それはご苦労様、ところでお産はいかが、そしてイヤギはどうなされましたか、とききました。生れたのは女の子で、十八の年に水の難に会いますが、この厄《やく》をまぬかれれば、七倉建てる運に恵まれるでしょう、ともう一人が答えていいました。漁夫はますます不思議に思いましたが、それから釣りをして家に帰ってみると、はからずも女の子が生れていました。今朝砂浜できいた寄木の話を思い合わせて、さては自分の娘のことであったかと心の中で驚き、あやしみましたが、このことを誰にも打ち明けませんでした。

月日が経ってこの時の女の子が十八の春を迎え、隣村へ嫁入りをすることになりました。婚礼の前夜、父親はいつかの寄木の話を思い出して、一人で蓑笠《みのがさ》の用意をととのえました。翌日はまことに上天気でありました。また、この土地の習慣では嫁入りの時に父親はついていかないことになっているにもかかわらず、漁夫は蓑笠をもって娘につき添っていきました。果して途中で俄雨《にわかあめ》が降り出しました。父親は、岩陰に雨宿りをしようとする娘をひきとめて蓑笠を着せ、そのまま道を急がせて無事に隣村に着き、婚礼の式をあげました。翌朝、嫁を送っていった人が帰り道に同じ場所を通ると、娘が雨宿りをしようとした岩はくずれ落ちていました。娘は父親のおかげで命拾いをし、後には本当に七つの倉を建てるほどのしあわせな暮しを送ったということです。

（鹿児島県奄美大島。長田須磨子採集）

註　イヤギサシとは奄美群島で使われている言葉で、運命を授けるという意味である。子供が生れると神様がその子の一生の運を定めると信ぜられている。

矢村の弥助

むかし信州に矢村《やむら》の弥助《やすけ》という親孝行の、若い農民がありました。正直でよくはたらいて、それでいて家は貧乏でありました。ある年の暮にわずかな銭を持って、正月したくの買いものに暮の市《いち》へでかける道で、道ばたのわなに一羽の山鳥がかかって、ぱたぱたとしているのを見かけました。これは一つ助けてやろうと、わなの糸をゆるめて山鳥を逃がしましたが、ただ逃がしてはわなの主にすまぬと思って、手に持っていた一緡《さし》の銭《ぜに》を、山鳥のかわりにその跡へはさんでおいて、もう買い物の用がなくなったから、手をからにしてもどって来ました。家の母親も心のやさしい人で、それはよいことをして来たといって、親子二人で何もない寂しい正月をしました。そこへ見なれない若い娘が一人たずねて来ます。私は旅の者、雪に降られてなんぎをします。なんでも働きますから春になるまで置いて下さいといって、お婆さんのかわりにいろいろの家の用をしてくれました。いたっておとなしいきれいな娘でありました。親も身寄りもない人ならば、いっそこの家にいて嫁になってくれぬかと、弥助の母親が相談をかけてみましたら、喜んで承知をして嫁になりました。それから何年かなかよく暮らしているうちに、有明《ありあけ》山に悪い鬼があらわれて、田村《たむら》将軍が朝廷《ちょうてい》のおおせをこうむり、それを退治に行くことになりました。矢村の弥助は弓が上手だから、田村将軍のおともをして鬼征伐《おにせいばつ》に出なければなりません。その時に弥助の女房がそっと弥助をよんで、こういうことを申しました。有明山の鬼は魏死鬼《ぎしき》といって、ただの弓矢《ゆみや》ではとても射たおすことができません。十三の節《ふし》ある山鳥の尾羽根《おばね》を矢《や》に矧《は》いで、その矢で射るならば一矢でも退治することができます。一世一代の男の大事だから、その羽根を私があげましょう。私はずっとむかしの年の暮にわなにかかって、あなたに命をたすけられた山鳥ですといって、泣きながらどこかへ飛んでいきました。あとには十三節のみごとな山鳥の尾羽根が残してありました。それだから、有明山の鬼が退治せられて、日本アルプスが明るい山になったのも、まったくこの矢村の弥助の手がらであります。弥助はその手がらによって莫大《ばくだい》なご褒美をいただき、ながく信州の山奥にその名をとどめました。

（長野県南安曇郡。『南安曇郡誌』）

狐女房

むかし能登《のと》の国の万行《まんぎょう》の三郎兵衛という人は、ある晩便所に行って帰って来てみると、部屋に自分の女房が二人おりました。どちらか一人はばけ物にそういないのですが、姿かたちからいうことまでも寸分《すんぶん》のちがいなく、いろいろ難題をかけてみましたが、双方ともにすらすらと答えるので、どうすればよいのかに困ってしまいました。そのうちに一人の方に、ほんのわずかな疑いがあったので、それを追い出してしまっていま一人の方を家におきました。それから家が繁昌《はんじょう》して二人まで男の子が生れました。その二人の子がすこし大きくなって家で隠れんぼをして遊んでいて、ふと母親にしっぽのあることを見つけました。正体を見られたからにはもういることができない。じつは私は狐であったといって、二人の子を残して泣いて帰っていきました。それから毎年稲のみのるころになると、その狐の女房は三郎兵衛の田のまわりを「穂《ほ》に出いでつっぱらめ」と唱《とな》えながら歩いたそうであります。そうしてこの家の稲だけは、いつも少しも実が入らぬために、毛見《けみ》の役人が見にきてかならず年貢《ねんぐ》を許してくれました。それが刈り取って家にはこんでくると、後から穂をぬきだしてどこの家よりもよくみのったので、この家のくらしはますます豊かになったということです。

（石川県鹿島郡。『鹿島郡誌』）

蛙の女房

むかし、兄《あん》ちゃん（息子）とおばあさんと二人が住んでいたそうです。ある日兄ちゃんが山へ行ったら、蛇が蛙を呑《の》もうとしていました。それを見た兄ちゃんは、蛇を殺して蛙《かえる》を助けてやりますと、殺されるところを助かったので、蛙はうれしそうに逃げていきました。

そんなことがあって四、五日たったある夕方、兄ちゃんが山から帰ってお婆さんと夕飯を食べているところへ、美しい姉《あね》さん（若い女の人）が、尋ねて来ました。そしてぜひこの家の嫁にして下さいと頼むのです。兄ちゃんももうお嫁さんをもらう年ごろだったので、それじゃ、まあ嫁になっておくれ、というようなわけで姉さんはその兄ちゃんのお嫁になりました。この姉さんは働き者で、何でもできない仕事はないくらいでした。けれどもおかしいことには食べ物といっては何も食べる様子はなく、庭へ出て池の水をぺちゃぺちゃ、ぺちゃぺちゃとなめて来ては、精出して働くのでした。そうしてしばらくたったある日、申しにくいことですが、今日は私の親もとで法事がありますから一日暇を下さい、と姉さんがいいました。ああ、いいとも、行っておいで、と兄ちゃんは気持よく許しましたが、いったいどこの者だかちっともわからないから、一つ俺もついて行ってみようと決心して、お嫁さんに知られないようにあとをつけて行きました。どんどん山へ入っていくとかなり奥に大きな池があります。そのお嫁さんはいきなりこの池の中へどぼーんととび込みました。兄ちゃんは、ははあ、こりゃ蛙だな、とそのとき気がつきました。

　するとその池の中ではそろそろ法事が始まるのでしょうか、大きな蛙がまっ先に池の中に立ててある杭《くい》の上にポンと飛びあがりました。するとそのあとへ続いて小さい蛙が沢山、ちょびちょびちょびとまわりじゅうの杭の上に飛び上りました。そこで大きい蛙が、ぎゃあしん、ぎゃあしん、ぎゃあしん、ぎゃあしんと鳴き出すと、小さい蛙たちが声を合わせて、ぎゃし、ぎゃし、ぎゃし、ぎゃしと鳴き立て、まるでお経をよんでいるように聞えます。これを見ていた兄ちゃんはおかしくてたまらなくなって、ひとつ悪戯《いたずら》をしておどかしてやろうと思って、大きい石を拾ってどぶーんと池の真中へ投げたそうです。するとぼちゃぼちゃぼちゃぼちゃぼちゃと音を立てて、たくさんの蛙がみんな池の中へとび込んでしまいました。それを見て兄ちゃんは家へ帰って来ました。

すると次の日。姉さんが、行って来ましたといって戻って来たそうです。そこでお婆さんが、どうだったたね、りっぱな法事だったかやとききますと、ほんとうにいい法事でしたがにぎやかなお経の最中にどぶーんと屋根から石が落ちて来たので、もう何もかもおしまい、お経どころではなく恐ろしくて恐ろしくて、途中で止めてしまいました、と話しました。お婆さんは、へえー、それは困ったことだったなあといいましたが、そのうちに蛙のお嫁さんはどこかへ行ってしまいましたとさ。

（新潟県佐渡郡畑野村。丸山久子採集）

蛇の玉

むかし近江《おうみ》の国の三井寺《みいでら》に、毎日おまいりに来て必ず茶店で休んでゆく、若い美しい女の人がおりました。それを見た近所の酒屋の息子が、お嫁さんにしたいと思って、話をしてくれるようにお茶屋のお婆さんに頼みました。ある日、いつものようにお参りに来た女の人にお婆さんがその話をすると、その女のひとは、私はある願いごとがあってこのお寺に百日の間お参りするのですが、それがすんだ後でいいならお嫁に行きましょうという答えでした。息子も異存のあろうはずはなく話はどんどん運んで嫁入りの日取りもきまりました。

さていよいよ、その日その時刻になると、今までいいお天気だったのが急に雨がふり出しましたが、それもやがてやんで女は嫁入道具を持ってやって来ました。それからというもの、酒屋は急に繁昌《はんじょう》するようになりました。間もなく女は身重《みおも》になったので、息子の母親に頼んで蔵《くら》を一つ借りてそこに寝起きするようになりましたが、お産が近づくと、私のお産の間は決して蔵をのぞいてみないで下さいと返す返す頼みました。

けれどもお嫁さんがお産で苦しんでいると思うと息子はとても心配でじっとしていられません。つい約束を破って蔵の中をのぞいてみて驚きました。中には蔵一杯になるような大蛇が横たわって、子供を抱くように中に置いて舌でなめているではありませんか。息も止まってしまうほどびっくりしてしまいました。

こういう姿を見られたことに心づいた蛇は、もとの人間の姿になって蔵から出て来ましたが、こうなったからにはもう私はここにいられません、暇をいただきたいというのです。そうして、私がいなくなったら子供のお乳がなくてさぞ困るでしょう。私の目の玉を一つくり抜いて置いていくから、これをしゃぶらせて育てて下さい。もしまた私に用事ができたら、湖の岸に来て呼んで下さい、とこういい置いてどこへとも知れず行ってしまいました。

その後子供には目の玉をしゃぶらせておくとお腹をすかせることもなく育っていきましたが、ある時殿様がこの不思議な玉の話をきいて、自分の子供を育てるためにとり上げてしまいました。酒屋は、子供が泣くので途方にくれていましたが、家を出て行く時に女のいった言葉を思い出して、湖のほとりに行って呼ぶと水の中から女があらわれました。そこで玉をとり上げられて困っている事情を話すと、それではといって残った一つの眼の玉をくりぬいて男に渡しました。そしていうには、これで私は両眼とも失ってしまったから、もう世の中を見ることができません。成長する子供を見るたのしみも失われてしまいました。この子が大きくなったら、どうか三井寺の鐘つきにして下さい、私はそれで朝夕を知って暮らしていくことができましょうから、といって、ふたたび水の中に姿を消してしまいました。子供はその玉で無事に成長しましたので、母の言葉のどおり三井寺の鐘つきになったということであります。

（福島県平市。『磐城昔話集』岩崎敏夫）

爺《じじ》に金

これはうっかりしているところへ金銀がとんで来て、知らぬうちに大金持ちになった話であります。むかしむかしある村に、よい爺と悪い爺がありました。あるときよい爺は一人で山にはいってしごとをしていますと、どこからともなく取っつこうかくっつこうかという声が聞えました。あんまり何度もその声がするので、爺は何心なく取っつかば取っつけ、くっつかばくっつけといいますと、ふいに両方の松林の中から金と銀とがいくらともなくとんで来て、肩や背なかにうんというほど乗りました。それを持って帰って家のなかにひろげて、婆《ばば》と二人で眺めていると、となりの悪い爺がやって来て、それを見てたいそううらやましがりました。

おらもそのまねをして宝物をしょって来ようと、次の日は隣の爺が同じ山へはいっていくとあんのじょう左右の山の中から、くっつこうか取っつこうかという声がきこえて来ました。さっそく大喜びでくっつかばくっつけ、取っつかば取っつけといって背なかをだすと、こんどは松の木の上から松脂《まつやに》がとんで来て、重いくらい悪爺の肩と背なかにつきました。婆《ば》あ婆《ば》あいま帰ってきたぞ、早くあかりをつけて来て見せよというので、婆は大いそぎで近くまで火を持ってきましたらその火が松脂にうつって、悪い爺は大やけどをしたそうであります。

(和歌山県有田郡。『有田童話集』森口清一)

大歳《おおとし》のたき火

むかしむかしあるいなかに、貧乏な一人の馬方がありました。明日は元日だというのに一つもしごとがなくて、空の馬をひいて家へ帰って来ようとしますと、街道《かいどう》の松並木のかげに、きたない乞食《こじき》がたおれてうなっておりました。やれやれ、おれよりもまだ気の毒な人があったか、これは助けてやらなければならぬと思って、幸い空っぽの荷鞍《にぐら》の上にのせてもどって来たそうです。そうして女房と相談をして、土間にむしろをしいて横にねかせ、何もないけれども地炉《じろ》の火だけはうんと焚《た》いて、どうやらこうやら年だけはとらせました。元日の朝はお天道様の高く上《あ》がらっしゃるまでも、その乞食は起き出して来ませんから、そばに寄っておいおいと、起こしてみてもへんじがない。なんだか冷たくなっているようだと思って、びっくりしてかけてやった藁《わら》の筵《むしろ》をめくってみると、乞食だと思ったのは大きな黄金のかたまりでありました。それを使ってその馬方は、すぐに大金持ちになったそうです。めでたしめでたし。

（愛知県南設楽郡。『旅と伝説』四ノ四）

ものいう蟇《がま》

ある時、お爺《じい》さんが藪《やぶ》の中を通ると、蟇《がま》が蛇に呑《の》まれようとしていました。かわいそうに思って蟇を助けてやり、家に持ち帰りました。すると蟇は人間のように口をきいてお爺さんに礼をいいました。そして自分を町へ連れていき、唄《うた》を歌わせて金もうけをするように、と教えます。お爺さんはそのとおりに翌日蟇を町へ連れていって、ものいう蟇、ものいう蟇、とふれ歩くと、大勢の人が珍しがって集まって来ました。そこで蟇に歌わせると、注文に従っていろいろな唄を上手に歌います。これが大変人気をよんでお爺さんは思わぬ大金をもうけました。

ところが、隣の悪い爺さんがこれをきいて自分も一もうけしたいものと思いました。それでいいお爺さんから無理に蟇を借りて同じ様に町へ連れていき、唄を歌わせようとしましたが、蟇はどうしても歌いません。見物人は怒って爺さんをひどい目に合わせました。こんな目に合うのも蟇のせいだ、憎い奴《やつ》め、と爺さんは蟇を殺してしまいました。いいお爺さんは悲しがって、その肉を半分もらって来て縁先に埋めてやりました。するとその晩のうちにかつらの木が生《は》えて忽《たちま》ち家のまわりにかたく幾重にもからみつきました。そしてチンクヮラリン、チンクヮラリン、と金のなる音がしました。翌朝になって戸をあけてみると、なんと金銀が家を埋めるばかりに高く積んでありました。それを見た隣の爺は、また、真似《まね》をして残りの蟇の肉を自分の家の縁先に埋めました。やはりその夜、かつらの木が生い茂り家をとり巻きました。夜の明けるのが待ち切れず、灯をつけて外に出てみると、家のまわりには一面牛の糞《ふん》が落ちていたということです。

（熊本県天草郡。『郷土研究』五ノ四）

笠《かさ》地蔵

むかしむかしある村に、いたって心の良い爺《じじ》と婆《ばば》とが住んでいました。爺は毎日編笠《あみがさ》をこしらえて、町へ出て売って暮しを立てておりました。明日は正月という日にも笠を売りに出ましたが暮の市だから笠などは少しも売れません。しかたがないので笠をせおってもどって来ると、ひどい吹雪《ふぶき》のなかで野中の地蔵様《じぞうさま》が、ぬれて寒そうに立っておられます。これはおきのどくだと思って、六つある笠を六つの石地蔵様にきせてあげました。そうして家へきて婆にその話をして、何もすることがないからそのまま寝てしまいました。そうすると年越しの夜の明け方に、遠くの方から橇《そり》をひく音がして、歌の声がきこえて来ました。

六台の地蔵さ
笠取ってかぶせた
爺あ家はどこだ
婆あ家はどこだ

こういって橇をひく声が、だんだんと近くなって来るので、起き出して、ここだここだというと、戸の口へどっさりと、宝物の袋をなげこんでおいて、六人の地蔵様が帰っていく後影《うしろかげ》が見えたそうであります。

（岩手県江刺郡。『江刺郡昔話』佐々木喜善）

銭の化物

むかしあるところに爺《じじ》と婆《ばば》がいました。年がら年中、尻切襦袢《しりきれじゅばん》を着てあくせく働きますが、いつになっても楽なくらしができません。どこそこの長者ほどの金持ちにはなれずとも、せめて村の誰々さんくらいの物持ちにはなりたいものだ、と毎日いいくらして、とうとう年の暮になりました。毎年、年が明けると恵方《えほう》まいりをしてその年の運を祈るならわしでありましたが、来年こそは福をさずかるように神さまにお願いしてこようと、爺さんは年越そばを食べ、お寺の鐘が鳴り終わるのを待って一張羅《いっちょうら》の着物を着ると、誰よりも先に氏神様の社へ出かけました。毎年こうしておまいりをするのにいっこうに運が向いて来ないのはどういうわけでしょう。どうか今年こそはあくせく働かずとも食べられるくらいの福をさずけて下され、と柏手《かしわで》をうって拝みますと、神様のお声がきこえました。なるほどお前のいうのももっともだ。では今夜お前の家の前を行列が通るから、寝ずに待っていてその行列の先頭に来るものを叩《たた》くがいい、というお告げです。爺さんは喜んで家に帰り、夜になるのを待ちました。ようやく真夜中ごろに遠くの方から物音がきこえ、近づくにつれてがやがやがやがや、かっぽかっぽかっぽと騒がしくなって、馬に乗った侍の行列がやって来ました。真先に来るものをみると、裃《かみしも》をつけたりっぱな侍が金の刀を腰にさし、ゆったりと馬にまたがっています。ああ、これだな。これを叩かなけりゃいけんのだなあ、と思いましたが、あまりりっぱな侍なので、こわくてそばへ出ていかれません。ぐずぐずしているうちに侍の行列は行ってしまいました。するとまた、後から馬に乗った行列がやって来ます。同じようにりっぱな裃をつけた侍が銀の刀をさして、白い馬に乗っています。今度こそは叩いてやるぞと決心して、さあ、今出ようか今出ようかと思うのですが、やっぱり侍の姿におじ気《け》がついてどうしても叩くことができません。や、これはしまった。二番目の奴《やつ》も行ってしまった。だがこの次に来るものはどんなことがあっても叩いてやる、といって待っていると、今度はくつわの響がせず、ひょこすかひょこすかと、おかしな音がして来ました。はて、今度は馬じゃないようだ、とのぞいてみると、片目でちんばの仲《ちゅう》[19]間《げん》がびっこをひきひきやって来ます。ああ、こいつならいくらでも叩ける、と思って飛出していって、びしゃんと叩きつけました。すると、チャラチャラチャラーンと音がしたかと思うと仲間の姿は消えてなくなりました。爺さんは、婆さんに灯をもって来させてみますと、そこには一文銭が二、三枚落ちていただけでした。なんだ、こんなものではなんにもならない、とぶつぶついいながら、もう一度氏神様のところへ行ってうったえました。そうするとまた、神様のお言葉があって、先頭の行列のものを叩けば三千両、二番目のものを叩いても千両、もうけられたものを、一番あとの片目でちんばなどを叩いたりするから二、三文しかもらえなかったのだ。お前達には福運が向いていないようだから金持ちになるのはあきらめよ、といわれたそうであります。

（鳥取県日野郡《ひのぐん》江尾村《えびむら》〔現江府町《こうふちょう》〕。池田弘子採集）

見るなの座敷

むかし、良いお爺《じい》さんと悪いお爺さんが住んでおりました。ある日良いお爺さんが山にはいって大きい木をガキリ、ガキリと伐《き》っていると、そこへきれいなお姫様が出て来て、爺様、爺様、その木は伐らないで下さい。それを伐られると私のいどころがなくなってしまいます。それよりちょっと私の家に来て下さい、と申します。お爺さんはお姫様に連れられてその家に行くと、家の前にはお酒の匂いのするきれいな水が流れております。ああ、いい気持だなあと思っていると、お姫様はその水を盥《たらい》に汲《く》んで、さあ足を洗って中へおはいりなされといいます。家へ上るとおいしい酒や肴《さかな》を御馳走《ごちそう》してくれて、そのあとで、爺様、爺様、私の部屋をお見せしましょう。こちらへおいで下さい、と奥の方へ案内していきました。

ここは正月の部屋《へや》、といって見せたところには松竹に〆飾《しめかざ》りが下っていますし、二月の部屋は梅・桃・桜の花盛りです。三月の部屋にはお雛様《ひなさま》というふうに十二月の部屋まで見せてくれました。そうしていうのには、爺様、私は町まで買物に行って来ますからこの鍵《かぎ》を爺様にあずけていきます。どの部屋を見てもいいけれど二月の部屋だけは見ないで下さい、といって出ていきました。お爺さんはお姫様の言葉を守って二月の部屋だけは見ませんでした。そしてきれいな川へ行って流れている酒を汲んで来て飲んで留守番をしていました。

間もなくお姫様が帰って来て、爺様お土産《みやげ》が何もありませんが、この篦《へら》（杓子《しゃくし》）を買って来ました。御飯を炊く時にお鍋に水を入れて、この篦でかきまぜながら、まま　たげろたげろ、といえば御飯が炊けるし、お汁でも魚汁でも好きなものが炊けます。いいさえすればお前ののぞみどおりになります。さあ、おそくなると婆様が心配するから、早くお帰り、といってその篦をくれました。お爺さんはお礼をいって家に帰り、今日のことを婆様に話しました。そして早速鍋に水を入れて火にかけ、いわれたとおりにすると、御飯でもお汁でも好きなものが炊けますので、二人で喜んで食べていると、隣の悪い婆さんが、火こたもれ（火種を下さい）といってはいって来ました。火もあげるが、まずまず魚汁を一杯といってすすめると、今日はなしてこったらに御馳走《ごちそう》があるエ、と聞くので、お爺さんが山へ木を伐りにいってお姫様につれられていった話をしました。悪いお婆さんは、家に帰るといやがる爺さんを無理やりに山へ出してやりました。山で隣のお爺さんのようにしているとお姫様に連れていかれて、留守番を頼まれましたが、やっぱり二月の部屋だけは見て下さるなと堅くいいつけられました。悪いお爺さんはそのいいつけを守らずそっと二月の部屋をあけて見ますと、一羽の鶯《うぐいす》がいて、ホーホケキョと鳴いて飛んで出たと思うと、そこはもとの山の大きな木の下でした。

（青森県三戸郡五戸町《さんのへぐんごのへまち》。『てっきり姉様』能田多代子）

鼠の浄土

むかしむかし、ある山里に仲のよいお爺《じい》さんとお婆さんが住んでおりました。お爺さんは毎日裏の山へ柴《しば》刈りに、お婆さんはうちで仕事をして留守番をしておりました。今日もいつものようにお爺さんは暗いうちから鎌《かま》を腰にさして、元気よく裏山へ出かけました。お昼ごろになってお婆さんは、お爺さんの好きなお団子《だんご》を拵《こし》らえて、重箱《じゅうばこ》に入れて裏山へ持っていきました。やがて峠道《とうげみち》にさしかかったお婆さんは、どういうはずみか、石につまずいて転んでしまいましたが、その拍子《ひょうし》に重箱の蓋《ふた》があいて、中からお団子がころころところげ出しました、お婆さんは痛いのも忘れて、団子待て、団子待てと転がり落ちるお団子を追いかけましたが、なかなか追い付きません。そうするうちにお団子はとうとう穴の中へ転げ込んでしまいました。お婆さんはなおも団子待て、団子待てと穴の中まで追いかけていきましたが、中は真暗なのでとうとう団子を見失ってしまいました。暗やみの中で途方《とほう》にくれていると、穴の奥の方から誰かがおもしろそうにうたう声がして、とんとんと

っとん、とっとことん、と拍子《ひょうし》を合せて臼《うす》を搗《つ》いているようです。恐る恐るのぞいてみると大きな鼠が大勢で、

鼠の浄土《じょうど》にゃ　猫さえ来ねば
浮世は極楽《ごくらく》　やっしっし、やっしっし

とうたいながら一生懸命に搗《つ》いているので、お婆さんはおかしさをこらえて、にゃわーんと一声どら猫の鳴きまねをしました。鼠の方は大さわぎ、そら猫めが来たぞ、にげろにげろと、たちまち逃げかくれてしまいました。そのあとへお婆さんが行ってみると、金の臼や金の杵《きね》、そのほか宝物が山ほどもありますので、それらをみな集めて背負って、大喜びで帰って来ました。お爺さんも山から帰って、二人でお米を搗こうとして、臼に一粒入れて搗くとたちまちあふれるほど一ぱいになります。こうしてこの仲のいいお爺さんとお婆さんはだんだん金持になりました。

その隣の家には慾の深いお婆さんが住んでいましたが、このありさまを見るともうたまりません。急いでお爺さんを山へ仕事に追いやり、自分はお団子をこしらえて後から出かけました。そしてかねて聞いた峠《とうげ》のところへ来かかりますと坂の途中でお団子を出して転がし、そのあとから団子待て、団子待てと追いかけていくと暗い穴の中に入りました。お

婆さんはぬき足さし足そっと穴の奥をのぞいてみますと、今日も鼠たちが集まって、

鼠の浄土にゃ　猫さえ来ねば
浮世は極楽　やっしっし、やっしっし

と余念なく歌って、とっとことっとこ、とんとんと臼を搗いています。お婆さんはここぞとばかり、にゃわーんと大声で叫びました。すると鼠たちは逃げると思いのほか、みなでこわい顔をして、それっこの前に来た慾婆めだ、搗いちまえと、お婆さんの手をとり足をとり、みなで臼の中に入れて、とうとう搗き殺してしまったということです。

（福岡県企救郡《きくぐん》。稿本『福岡県昔話集』）

かくれ里

これは私たちの喜界島《きかいがしま》に、むかし、ほんとうにあったことです。

志戸桶《しとおけ》の天神泊の渚《なぎさ》に大きな岩があります。その岩のところへいつも牛をつなぎにいく男がありました。ある日いつものように牛をつなぐと、あんまり眠いのでそこへぐっすり寝込んでしまいました。しばらくして目をさましてみると、どうでしょう。蟻《あり》が数限りも

なく集まって、あんな大きい牛を引倒して大岩の穴の中へ引き込もうとしているところです。あれえ、こりゃ大変だぁっと、男は一生けんめい綱を引いたが、どうしても引き戻すことができません。だんだん引かれて、牛といっしょに穴の中へ引き込まれてしまいました。ところが、何とふしぎなことでしょう、その穴の中は大きな原で広い畠《はたけ》もあります。そこにいた一人の男が、どうもほんとうにありがたいことです。畠が固くて困っていましたが、あなたの牛のおかげで耕すことができました、とお礼をいうのです。男は驚いてしまって、牛はあなたにあげますから、どうか命だけは助けて下さいというと、いえ、いえ、決して心配はいりませんといって、かえってたくさんのお金をくれました。そして、このことは決して誰にもいわないで下さい。その代わりあなたがお金の入用な時は、いつでもとりに来て下さい、といいました。

男はたちまちのうちに大金持になりました。けれども人は油断《ゆだん》のあるもので、この男もお金に不自由しなくなると、あれほど固く約束したことを忘れて、ある日お酒に酔った時友達に向かって、おれは金には困らんと、この間の話をしました。友達は、金はもらいたくないがそこへ連れてって見せてくれといいます。つれだって渚《なぎさ》の岩のところへ来ましたが、もう今度は穴の口がふさがってどうしても開きませんでした。それればかりでなくこの男もだんだんとお金がなくなって、もともとどおりの貧乏になってしまったということです。

（鹿児島県大島郡喜界島。『喜界島昔話集』岩倉市郎）

団子浄土

むかしむかしあるところに、爺《じじ》と婆《ばば》とがまたありました。春の彼岸《ひがん》に彼岸団子《だんご》をこしらえていたところが、一粒《つぶ》の団子がそこに落ちて、ころころところがってゆきました。だんごだんごどこまでころぶと、爺がそういって追っかけていくと、地蔵さんの穴までころぶといいながら、団子はとうとう穴の中に入ってしまいました。爺もその後から穴の中へ入っていきますと、穴のそこは広くて、そこに地蔵さんが立っておられました。その地蔵の前でやっと団子をつかまえて、土のついている方を自分で食べて、土のつかぬ方を地蔵さんにあげました。そのうちに暗くなったからもう帰ろうとすると、地蔵さんがおれの膝《ひざ》の上さあがれという。もったいなくてあがれません。いいからあがれというからそのとおりにすると、今度は肩の上さあがれといいます。膝までもやっとあがったのに、とてももったいなくてあがれませんとことわりましたが、無理にあがれというから肩の上へあがりました。そうすると、今度は頭の上さあがれといいます。辞退《じたい》をしてもなんでもあがれというので、思い切って地蔵の頭の上にあがりました。そうすると一本の扇《おうぎ》を地蔵さんが貸してくれました。今にここへ鬼どもが来てばくちをはじめるから、よいころにこの扇をたたいて、鶏《にわとり》の鳴くまねをしろと教えられました。案のごとく大勢の鬼がやって来てばくちをはじめたから、しばらくしてから地蔵のいうとおりに鶏の鳴くまねをするとそらもう夜が明けると鬼どもは大さわぎをして、銭や金をたくさんに残しておいたままで、みな逃げていってしまいました。それで爺はその金や銭を地蔵さんにもらって、喜んで家に帰って来ました。

うちでは婆が待っていて、二人でその銭金をひろげて見て大喜びをしていますと、ちょうど隣の婆が遊びにきてびっくりしました。どうしてこの家では、急にそのように福々しくなったのかと聞くので、正直な爺はありのままの話をしますと、それならおら家の爺も地蔵さんの穴へやるべちゃといって、いそいで帰って二人でわざわざ団子をこしらえました。そうしてその中の一粒をわざと庭におとしましたが、ちっともころばないので足でけるようにして、むりやりに穴の中に入れて、自分もそのあとからのこのことはいっていきました。地蔵さんの前に行ってみると、団子が土まみれになってころがっています。その中のきれいなところだけを自分が食べてから、まわりの土のついたのを地蔵さんにあげました。そうして誰もあがれともいわないのに、ひとりで地蔵さまの膝から肩、頭のてっぺんまでさっさとあがって、貸すともいわない扇をだまって取って待ちかまえていますと、やはりその日も鬼どもが集まってきて、地蔵の前でばくちをはじめました。それでさっそくその扇をはたはたとたたいて、鶏のなく声をまねてみますと、鬼たちはもう夜が明けるのか、早いなあといってあわてました。そのうちに一匹の小鬼がにげそこねて、囲炉裏《いろり》の

かぎを鼻の穴にひっかけて大きな声を出して、

やあれ待ちろや鬼どもら
かぎさ鼻あひっかけた

といったので、爺は思わず知らずくすくすと笑ってしまいました。そうれ、人間の声がしたと、鬼はほうぼう捜しまわって、とうとう地蔵さんの頭の上から、隣の爺をひきずり落して、ひどい目にあわせました。鬼がのこしていく金をひろって来るかわりに、やっと命だけをひろって、ほうほうの体《てい》でにげて帰りました。だからあんまり人のまねはするものでないという話であります。

（山形県最上郡）

風の神と子供

ある秋の日、村のお堂のところで子供が遊んでいると、見たこともない人がふらりとやって来て、

「お前たちは、ここで遊んでいても、何も食うものがないねえ。栗《くり》や柿《かき》や梨《なし》がたくさんあるところへ遊びに行きたくないかね、飽きるほど食わせてやるが、どうだね」

「ほんとかい、俺《お》ら、そんなところへ行きたいな、おまえ嘘《うそ》つくんじゃないか」

「ほんとだよ、それじゃおれがつれてってやるぞ」

というとその男の人は尻のところから尻尾《しっぽ》のような長いものをずうっと出して、

「さあ、おまえたち、これに跨《また》がってしっかりつかまっていろよ。みんな乗ったか」

「ああ、乗ったよ」

　すると、ごーっと一風吹かせて天に舞い上ってしまいました。しばらくすると、栗や柿や梨の木がいっぱいあるところへおろしてくれて、そしてまた風を吹かせて実をばたばた落してくれるのです。子供たちはみんな大喜びで腹一ぱい食べて遊んでいました。やがて夕方になるとその人は、

「お前たち、みんな、ついうっかりしてるうちに夕方になっちまった。おれはこれからよそへ行かなきゃならんから、おまえたちだけでうちへ帰れよ、ね」

といってまた風に乗ってどこかへ行ってしまいました。子供たちは驚いて、うちへ帰れなくなったのかと、えーん、えーんと泣いているともうあたりは真暗《まっくら》になってしまいました。すると遠くに明りの見えるところがあるので、行ってみるとよく肥《ふと》った大きなお婆さんが出て来ました。

「おまえら、どっから来たや」

「おらたち、どっかの男の人に長いもんにのせられて風にのってここへ来たんだ。そうし

て栗や柿や梨をたくさん御馳走《ごちそう》になったけどね、こんだ、その人がどっかへ行っちまって、おらたち、家へ帰ることができん」

「そうか、その男はうちの、よくなしおじの南風だよ、ほんとに気まぐれな子だ。私は風の神の親だ。すぐうちの北風っていう子に送らせようね、案じることはないよ」

そういって子供たちをみんな家の中に入れて、白い御飯と豆腐《とうふ》のお汁を御馳走してくれました。そうして、

「あんにゃ、起きて、起きて」

と、寝ていた北風を起こしました。子供たちはその北風のあんにゃの尻尾《しっぽ》にのると、さっきと同じように風を吹かせて、村に帰って来ました。村では夜になっても子供達が帰って来ないので、大騒ぎしてそこらを捜しているところだったそうです。そこへ北風が吹いて子供たちが帰って来たので、村中大喜びをしましたとさ。

（新潟県古志《こし》郡《ぐん》山古志《やまこし》村《むら》。『とんと昔があったげど』第一集　水沢謙一）

瘤《こぶ》二つ

むかしむかし大きな瘤《こぶ》のある坊さんがありまして、諸国を修行《しゅぎょう》してある山家の村でとめてくれる家がないので、しかたなしに古辻堂《つじどう》に入って一夜をあかしました。夜もすでに三[20]

更《こう》のころおいに、多くの人の足音がして、この堂に入って来る者がありました。よく見るとそれは天狗《てんぐ》さんで、ここに集まって酒盛りをするのでありました。とても夜どおし隠れているわけにはいかぬので、恐ろしかったけれどもよい時刻をみはからって、自分も円座《えんざ》という藁《わら》の敷きものを尻《しり》にあてて、とび出していっしょにおどりました。明け方に天狗は帰ろうとして、おまえはおもしろい坊主だからこの次もまた来てくれ。しかし約束をしてもうそをつくといかぬからこれを質《しち》に取っておくといって、目の上の瘤をむしり取って持っていきました。坊さんはうるさいと思う瘤をとられて、大喜びで故郷に帰って来ました。

ところがその近所にまた一人、同じところに瘤があって困っている坊さんがありました。この評判をきいてうらやましくてたまりません。くわしくその人の話を聞いておいて、わざわざ瘤を取られにその辻堂まで出かけていきました。案のごとく夜ふけに天狗が集まって酒盛りをしますから、いそいで円座を腰にくくり付けておどり出してみましたところが、天狗たちはたいへん喜んで、おお坊主、よく約束をまちがえずにまた来てくれたな。大きに御苦労であった。それでは質に取っておいた瘤をかえすぞといって、何か顔へ打ちつけられたように思いますと、もう目の上のたん瘤が二つになっていました。そうしてよけいな人まねはしない方がよかったと、いつまでも後悔をしていたそうであります。

（『醒睡笑《せいすいしょう》』）

灰まき爺《じじ》

むかしむかし奥州のある在所《ざいしょ》に、やっぱりよい爺と悪い爺とが、隣どうしに住んでいました。二人の爺は同じ晩に、川の流れに雑魚《ざこ》を捕る筌《どう》というものをかけておきました。上《かみ》の爺が朝早くいってみると、自分の筌にはただ一匹の小犬が入り、下《しも》の爺の下の筌には、沢山の雑魚が入っていましたので、その筌の雑魚をみな取ってしまって、それへ自分の筌に入っていた小犬を投げこんでおいて、知らぬ顔をして来ました。後から下の爺が川に行ってみると、自分の筌にはかわいらしい犬ころが、入って鳴いているので、取り上げて家へだいてきて育ててやりました。椀《わん》で食わせると椀の大きさだけ、鉢《はち》で食わせれば鉢の大きさだけ、毎日毎日大きくなって、少したつと爺の山へ行くときに、いろいろの道具を背なかにしょって供をして行くようになりました。ある日その犬は、山で爺様に鹿をとることを教えてくれました。爺が大きな声であっちのしいしもこっちさ来う、こっちのしいしもこっちさ来うと呼ぶと、ほうぼうから鹿が集まって来るのを、一つ一つその犬がかみ殺して、それをしょって帰って来ました。爺と婆《ばば》とがそれを鹿汁《ししじる》に煮て食べていると、上の家の婆がやってきてその話をきいて、それならば俺たちも鹿汁が食べたいから、犬をかしてくださいといってつれていきました。

次の日上の爺は犬をつれて山へ行きました。犬がつけろともいわぬにこれを持てあれをのせろと、斧《おの》だの鎌《かま》だのいろいろの道具を犬の背に負わせて、やれ急げそれ行けと、追いたてて山に入り、自分はしいしというのをまちがえて、あっちの蜂《はち》もこっちさ来う、こっちの蜂もこっちさ来うと、大きな声で呼んだものですから、山中の蜂がみな飛んで来て、上の爺をさしました。上の爺はそれをみんな犬のせいにして、腹を立ててその犬をぶち殺して、こめの木の下にいけて帰って来ました。下の爺はいつまでも犬を返して来ないのでつれにいくと、上の爺はうんうんうなって寝ていました。あの犬のおかげでおれはこんなに蜂にさされてしまった。あんまりにくいから殺してこめの木の下にうめて来た。犬がほしくばこめの木の下に行ってみろといいました。

下の爺はそれを聞いてたいそう悲しみました。そうして山に行ってそのこめの木を伐《き》ってきて、その木で摺《す》り臼《うす》をつくって、婆と二人で臼をひきながら、こういう歌をうたいました。

じんじ前には金おりろ
ばんば前には米おりろ

そうするとその臼唄《うすうた》と一しょに、爺の前には金が下《お》り、婆の前には米が下りて、しばらくの間に長者になってしまって、二人は良い着物をきてみたり、米の飯を食べたりしていました。そこへ上の家の婆がまたやって来て、どこからそんないい物ばかり、出して来たのかとたずねました。なにさこれはお前のところの爺様が、犬を殺してほうり込んだ山から、いこめの木を伐ってきて臼にしてひいたら、金だの米だのが出たものだから、こうして居中《いもう》すと答えました。それならばその臼をかしてくれと、慾の深い上の婆はまた搨《す》り臼をかりていきました。そうして爺と二人でいっしょうけんめいに、その臼をひきましたけれども、かんじんの歌の文句は忘れてしまって、

じんじ前にはばば下りろ
ばんば前にはしし下りろ

とうたいましたので、その唄のとおりに臭《くさ》いきたない物が、いくらでも家のなかに流れて来ました。爺と婆とはそれを搨り臼のせいにして、ひどく腹を立てて斧で切りわって、その臼を火にくべて焼いてしまいました。

下の爺はまたしばらくしてからその臼を取りに来ました。あの臼はとんでもない臼であった。家の中をきたない物だらけにしてしまったから、切りわって竈《かまど》の口にくべてしまったぞと、上の爺がいいました。それならばしかたがないから、その灰でももらってゆこうと、笊《ざる》を持ってきてその灰を入れて帰りました。そうして灰の笊を畑へ持っていっ

て、畑の側の沼におりている雁《がん》の鳥を目がけて、こういいながらその灰をまきました。

雁の眼《まなこ》さあくはいれ
雁の眼さあくはいれ

そうするとその文句のとおりに、雁の目の中に灰が入って、ころりころりと死んでしまいます。それを拾って帰ってまた婆と二人で、なかよく雁汁《がんじる》をこしらえて食べていますと、またまた上の婆が来てどうしてそんなうまい物を食べているのかと聞きました。おまえたちはおれのところの臼を切りわって燃してしまったから、その灰を持って来て、まいてみたらたくさんの雁がおちた。それを拾って来てこうして雁汁にして食べているといいました。

それならば少しばかりその灰をわけてくれといって、また上の婆が爺にまねをさせました。上の爺は婆に教えられて、むかい風の強い晩に屋の棟《むね》に上がって、空に向いて灰をまきましたが、やはり大切な文句を忘れてしまって、

じんじ眼《まなこ》さあくはいれ
じんじ眼さあくはいれ

と大きな声でどなったものですから、灰は文句のとおりに爺の目のなかに入って、爺は盲になって屋の棟からころころと落ちてきました。雁のおちて来るのを今か今かと、待ちかまえていた上の婆は、それを雁だと思って大きな槌《つち》で、打ったという話であります。

（岩手県江刺郡。『江刺郡昔話』佐々木喜善）

鳥呑爺《のみじじ》

むかし、お爺《じい》さんが山の畑で一人で働いていました。お昼になったので弁当に持って来たかい餅《もち》を食べ、残りを木の枝にぬりつけて、その木の下で昼寝をしていました。そこへ一羽の山雀《やまがら》が飛んで来ましたが、かい餅に足がくっついてしまいました。羽をばたばたさせてもがいている音で目をさましたお爺さんは、それを見てかわいそうに思い、山雀の足についている餅をなめて、とってやろうとしました。ところが、餅といっしょに山雀もつるつるとお爺さんの口の中にすべり込んで、そのままお腹の中へ入ってしまいました。びっくりしたお爺さん、お腹の中で鳥がぴくぴく動くので、さすっているとお臍《へそ》のところに何かさわるものがあります。みると、山雀の尻尾《しっぽ》の先がお臍から出ています。お爺さんがあわててそれをひっぱると、チチンプヨプヨゴヨノオンタカラ、と鳥の鳴くようなおならが出ました。家へ帰ってお婆さんにこの話をし、お臍の山雀の羽をひっぱると、やはり同じようにおならが出ます。これは面白い、殿様におきかせしておいでなさい、というお婆さんのすすめで、お爺さんは翌日、殿様の御殿へ出かけました。御殿の裏の竹藪《たけやぶ》で竹を伐《き》っていると、番人がやって来て、殿様の竹を伐るのは何者だ、ととがめました。お爺さんはここぞと思って、これは日本一の屁《へ》放《ひ》り爺でございます、と答えました。なに、日本一の屁放りとな、それなら殿様のお前でおきかせしてみよ、といって家来はお爺さんを御殿の中へつれていきました。殿様の前へ出てお腹の山雀の羽をひっぱり、チチンプヨプヨゴヨノオンタカラ、と鳴かせてみせますと、殿様はじめそこにひかえていた一同大喜び、お爺さんは大いに面目をほどこして、褒美《ほうび》をたくさんいただいて帰ったという話であります。

（長野県。『信濃昔話集』牧内武司）

団栗《どんぐり》を噛《か》んだ音

むかし、正直なお爺《じい》さんが山へ薪拾《たきぎひろ》いに行きました。日も暮れそうになったので、山を下りて来ると、ふと足許《あしもと》にどんぐりの落ちているのを見つけて、三つ拾って帰って来ました。まだ家に着かないうちに、日がくれて、あたりはすっかり暗くなってしまいました。仕方がないので麓《ふもと》の破《やぶ》れたお堂に一晩泊ることにして、寝ていると、真夜中ごろ、騒々しい声がして眼が醒《さ》めました。見ると大勢の鬼どもが集まって、鉄の棒で床板《ゆかいた》をどんどんと叩《たた》いては、大声で黄金出ろ、白銀出ろとどなっているのです。お爺さんはあまりの恐ろしさに小さくなってふるえていましたが、ふと思い出してさっき山道で拾ったどんぐりをとり出して、一つカチリと口でかみくだきました。その音をきくと鬼どもはぎくりとして顔を見合せて、何だろう、今の音はと話し合っています。そこでお爺さんはまた一つカチリとかみくだきますといよいよ驚いて、こりゃ大変だ、家のつぶれる音だ、逃げろ逃げろと後も見ずに逃げていってしまいました。翌朝見ると、床の上には黄金や白銀がいっぱい散らばっていたので、みんなかき集めて大喜びで家に帰って来ました。

その隣に悪いお爺さんが住んでいましたがこの話をきくと羨《うらやま》しくてたまりません。さっそく真似《まね》をして宝物を持って来ようと山へ出かけていきました。夜になって大勢の鬼が集まったところで、カチリとどんぐりを噛みつぶしました。すると鬼どもは、ゆうべあの音がしたけれど家はつぶれなかったじゃないか、それにせっかく出した宝物がみんななくなっている。これはきっと誰かのいたずらにちがいないと、家中を捜しまわったからたまりません。とうとう悪いお爺さんは鬼に見つかってしまいました。鬼どもは昨日のいたずらもこいつだなといって、お爺さんをさんざんなめにあわせました。

（埼玉県川越市。『川越地方昔話集』鈴木棠三）

白餅地蔵

むかしあるところに、子も何もない爺《じい》さんと婆さんがあって、二人でたくさんの畑を作り麦や粟《あわ》をとって暮らしておりました。ある年、まだ麦や粟がよくみのらないうちに、猿《さる》が大勢、畑へ出て来て作物を食い始めました。いくら追っても追っても、来て畑を荒すので、爺さんは一計を案じました。まずお婆さんに白いお餅をつかせてから、裸になってその餅を体中に塗りつけ、地蔵さまの恰好《かっこう》をして畑の番をしておりました。そこへ猿が出て来ましたが、その姿を見ると、地蔵さんに番をされては、きゅうくつで思うように食えないから、川向うへ運んでしまおう、といって、みんなで爺さんの体をかつぎ上げました。そして、お猿ア流れても地蔵さん流すな。ヨーラサンヨーラサンと、かけごえをかけて歌いながら川を渡りました。向こう岸に着いて下におろすと、爺さんのからだが少し傾きました。それを見てかしらの猿が、地蔵さんがころぶぞ。千両箱を持って来てささえろ、というと、他の猿たちはどこからか千両箱をもって来ました。爺さんはおかしいのをこらえて、されるままにしておりましたが、千両箱で片側をささえられますと、だまって反対側にごろっと向きを変えました。すると猿たちはもう一つ千両箱を持って来て反対側におきました。そして、またみんなで川を渡って行ってしまいました。爺さんはその後で、千両箱を二つとも持って家へ帰り、婆さんといっしょに大喜びしました。

隣にも爺さんと婆さんが住んでいましたが、その婆さんが火種をもらいに来て、こちらの爺さんが千両箱をとって来た話をきき、たいへんうらやましく思いました。それでさっそく、白餅を作って自分の爺さんを無理やり裸にさせ、体中に餅を塗りつけて、畑に出してやりました。前のように猿たちが出て来て爺さんをかつぎ上げ、同じように歌いながら川向うへ運んでいきました。ところが、この爺さんはおかしくてがまんがしきれず、ぷうっとふき出して笑ってしまいました。猿たちはそれをみると怒って、このにせ地蔵め、昨日もおれたちをだまして千両箱を二つもとっていったな、といってさんざんひっかき、爺さんを血だらけにしてしまいました。

（秋田県仙北郡角館町《せんぼくぐんかくのだてまち》。『旅と伝説』一四ノ五）

狼の眉毛《まゆげ》

むかし、たいへん貧乏な人がありました。食べものも何もなくなって、こんなことでは生きていても仕方がないから、狼《おおかみ》に食い殺してもらおう、と思って山へ行きました。夜になって狼が出て来ましたが、男を見ても食おうともしません。こんなはずはない。どうしてわたしを食ってくれないんだ、と男は狼に話しかけますと、狼がいうことには、おれたちは人間をみればどんな者でも食うとは限らない、人の姿はしていても本性は畜生《ちくしょう》であるものだけを食うので、お前のように本当の人間を食うわけにはいかないのだ、ということです。男は不思議に思って、同じ人間の姿をしているのに、本当の人間と、そうでないものと、どうして見分けられるのか、ときくと、狼は、それはこの眉毛《まゆげ》で見ればわかるのだ、といって一本、抜いてくれました。男はそれをもらいましたが、やれやれ、狼にも殺してもらえぬとなれば、遍路《へんろ》にでもなるよりしようがないと思い立って、四国遍路に出かけました。あるところで一軒の家に宿を借りようとして立ち寄りますと、その家のお爺さんはこころよく泊めてくれようとしたのに、お婆さんが出て来て、いやな顔をして断ります。その時、男は狼からもらった眉毛のことを思い出しました。さっそくためしてみようと思って、ふところから例の眉毛をとり出して眼に当てて見ますと、お婆さんの姿は牛に見えました。なるほど狼のいったとおりだと感心して、お爺さんにも眉毛をかしてみせてやりますと、やはりお婆さんの代わりに牛が見えたということであります。

（奈良県吉野《よしの》郡《ぐん》大塔村《おおとうむら》。『吉野西奥民俗採訪録』宮本常一）

狐の恩返し

とんとむかし、爺様《じい》が朝起きて、内庭をはいていますと、豆が一粒庭のすみにころがっていました。これはもったいないと裏の畠《はたけ》に持っていってまいておいたところが、やがて芽を出してぐんぐんと大木になり、これは八石まではありませんでしたが、一本の豆の木に豆が一斗《と》も二斗もみのっていたそうです。

ところがある日一匹の狐がやって来まして、一度にその豆をぺろりと食べてしまいました。老人は真赤になって怒って、せっかくおれが丹誠《たんせい》をしてつくった大豆《だいず》を盗んで食ってしまうとはにくい獣だ。ぶち殺してくれるといってどなりますと、狐は大きにあやまってどうか許して下さい。そのかわりにはおまえ様に金もうけをさせてあげますというから、それならばといって、こらえてやりますと、すぐに一頭の良い駒《こま》にばけました。爺はそれを長者の家へひいていって、高い値に売ってお金をもうけました。

それから四、五日もすると、馬にばけていた狐はもうにげて帰って来ました。こんどは一つ茶釜《ちゃがま》にばけてあげましょうといって、まことによいころあいの茶釜になりました。爺《じじ》はそれをまたお寺に持っていって、お茶のすきな和尚《おしょう》に売りつけました。和尚がその茶釜を炉《ろ》にかけると、きいんきいんと鳴ります。小僧が川に行ってその茶釜をみがきましたら、痛い痛い、小僧そっとみがけといいます。これはたいへん、茶釜が物をいいました。なんのそんなことがあるものかと、和尚がうんと火をたいてその茶釜をかけますと、狐はとうとうがまんがしきれなくなって、熱いぞ和尚がげえといって、しっぽを出してにげていったという話。

（青森県北津軽郡《きたつがるぐんご》五所川原町《しょがわらまち》〔現五所川原市〕。『津軽口碑集』内田邦彦）

木仏長者

貧しい男が長者の家に奉公していました。その長者の家にはりっぱな金の仏像がありましたが、下男は信心ぶかい男でしたから、一生に一度はあのようなりっぱな仏様を、自分のものとして拝みたいものだと始終思っていました。けれども何しろ奉公をするような身分では、それは思いも及ばない願いでありました。

その下男がある日、山へ木を伐《き》りに行きますと、偶然にまるで仏様のような形をした木の[21]ぼっくいを見つけて拾って帰りました。そしてそのぼっくいを自分の部屋に祀《まつ》って、日に三度、自分のお膳《ぜん》を持っていって供《そな》え、拝んでいました。そんなことを何年もつづけていましたので、主人の長者をはじめ召使いたちも、陰で笑って見ていました。

この下男は正直な働き者でしたから、長者は、こんな良い男がもし他の家に奉公に行ってしまっては惜しい、なんとかして長く自分の家で使いたいものだ、といろいろ考えた末に一つのことを思いつきました。さっそくその下男を呼んで、お前が日頃信心している木仏と私の黄金の仏と相撲《すもう》をとらせてみようではないかといいました。そして、木仏が負けたらおまえは一生涯私のところで奉公すること、その代わりもし私の黄金の仏が負けたら、私の身代をすっかりおまえにくれるがどうだ、といって、大勢の下男下女を呼んで立会人として固く約束をしました。

そういわれて、下男は顔色をかえて自分の寝間に入って木仏の前にすわりました。俺の仏様、大変なことになったぞ、旦那《だんな》はこれこれこういう難題をふっかけられる、俺はとてもかなわないから、おまえ様をしょって今すぐここから逃げ出すからそう思って下さい、とかきくどきました。すると木のぼっくいの仏様は、騒ぐな、騒ぐな、あわてることはないぞ、俺はあの黄金の仏と勝負してみよう、心配するな、といいます。

旦那は、さあ、早くその木仏をここへ持って来いと呼び立てるので、下男もしぶしぶ木のぼっくいを広間の方へ持ち出しました。旦那の方も黄金の仏を出してくる。大勢の召使いたちも出て来て立会います。旦那は二つの仏像を並べて、これこれこういうわけで、今おまえたちに相撲をとらせる、といい渡し、さっと団扇《うちわ》をあげると、ふしぎなことには二つの像はぐらぐらと動き出してだんだん近寄ってゆきます。そして押したり押されたり二《ふた》時《とき》も相撲をとっていました。立会う人々は始めはただあれあれとふしぎがっていましたが、やがて召使い達は木のぼっくい負けるな負けるなと応援すると、長者も血眼《ちまなこ》になって金仏負けるな負けるなと叫びます。

そのうちに、どうしたことか、黄金の仏は体全体から汗をだらだら流しはじめたと思うと、動き方もだんだん鈍くなってふらふらして来ました。長者もこれは一大事とばかり自分も玉のような汗をかき、顔を真赤にして、金仏負けるな、今までこの家に一番大事にして祀《まつ》って来たじゃないか、そんなただの木のぼっくいに負けてどうする、しっかり、しっかり、とそんなことまでいいたてて応援しましたが、黄金仏は弱る一方で、ついに泣きわめくような声を立てながら倒れたまま起き上る力もありません。すると木仏は黄金仏を外に押し出して、今まで黄金仏が祀《まつ》られていた仏壇に上ってすわってしまいました。世にもふしぎなことがあるものだと、見ていた人々はめいめい仏壇の木の仏を拝みました。負けた長者はすごすごと金の仏を拾いあげて、約束どおり家を出てゆきますと、今度は木仏を持った下男が主人になり代わったのであります。

ところで、家を出た長者は、黄金の仏を抱いてあちこちと旅をして歩きましたが、だんだんと落ちぶれてとうとう乞食になりました。ある広い野原で日がくれてしまったときに、つくづくと変わりはてた自分の身の上を考えて、黄金の仏に向かっていいました。金仏、金仏、おまえはどうしてあんな木のぼっくいなんかに負けたのか。お前がいくじなしだったばっかりに、私までこんな辛《つら》い目に会うのだぞ、と愚痴《ぐち》をこぼしました。すると金仏がいうには、旦那《だんな》さん、今さらどうにもなりませんよ。なるほどあれはぼっくいだが、毎日三度々々御膳を供えてもらって篤《あつ》く信心されていた。この俺は一年にほんの二、三度、縁日や忌日に御膳を供えられるだけで、それでどうして強い力が出ましょうぞ。それにお前のまことの信心がなかったのが、俺の力を落したもとだ、と一緒になって嘆きました。まことにそのとおりなので主人も何とも返す言葉もなく、その黄金仏を抱いて、一生乞食をして歩いたということです。

（岩手県上閉伊郡遠野〔現遠野市〕。『老媼夜譚』佐々木喜善）

聴耳頭巾《ずきん》

　これもむかし奥州の方のある在所に、また一人貧乏なよい爺《じじ》がありました。氏神の稲荷《いなり》様にいつも生魚《なまざかな》でもあげたいと思ったけれども、それも貧乏で思うようにはならぬので、ある日お社に参ってこういいました。氏神様申《もう》し、氏神様申し。おれはとても貧乏で生魚もあげることができませんから、どうぞこのおれを食ってください。どうぞお願いでござりますといって拝みました。氏神様は爺や爺や、何もそんなに心配をすることはいらぬ。おれもおまえの難儀していることはよく知っている。それでは一つ運を授けてやんべ。それこの宝頭巾《たからずきん》をやるからかぶって見ろ。これをかぶると鳥でも獣でも、なんでもいうことがすぐわかるからといって、古めかしい赤頭巾を一つ、その爺に授けました。そうでがんすか。これはは や、どうもありがとうがんすと、喜んでさっそくそのきたない赤頭巾をふところに入れて出てきました。そうしてゆらりゆらりと街道を歩いていきますと、道ばたに大きな木がありました。その木の下に休んでいましたら、いつの間にかついとろとろと眠っていました。

　そうすると浜の方から一羽の鳥がとんで来て、つかれてその木の枝に休みました。するとまた国中《くになか》の方からも、一羽の鳥がとんで来て、同じ木の上にとまりました。爺はこれを見て、稲荷様にもらった聴耳頭巾を、ためしてみるなら今だと思って、そっと出してかぶりますと、にわかに頭の上で話の声がしはじめました。浜から来た鳥が、やあしばらくであった。おれは今まで浜の方にいたが、浜もこのごろ漁がなくって、不景気《ふけいき》でこまるからとんで来た。お前はまたどっちから来たというと、おれはあらみ（ここでは和賀《わが》稗貫《ひえぬき》地方をいう）の方からやって来たが、いや不景気はどこに行っても同じだ。時に何か世の中にふしぎなことはないかねと聞きますと、浜の鳥は、別に珍しいことでもないが、浜のある村の長者どんでは、土蔵を建ててからもう五、六年にもなるが、土蔵の入り口の屋根をふくときに、どうしてはいあがったものか一匹の蛇があがっていて、ちょうど板の下で釘をうちつけられて、今に動けないで半死半生になっている。感心なことには雌蛇《めへび》が食い物をはこんで養いつづけているが、ほんとうにお互いに苦労をしている。その思いがつもりつもって、長者どんの娘の体にさわって長わずらいをしている。あれは今のうちに土蔵の屋根の板をはなして蛇を助けてやらぬと、蛇も死ぬし娘も死んでしまう。おれもさいさいあの屋根にとんでいって鳴いてやったけれども、人間という者はなさけない者で、少しもそれをさとらない、といいました。相手の鳥もほんとうに人間はそういうことになると、まるで何もわからぬものだといい合って、そんだらばまたこの次に出会うべなと、西と東とに鳥たちは分かれてとんでいったそうです。

　爺はこれはよいことをきいた。早くその長者どんに行って娘を助け、また蛇の命も助けてやりたいが、なんにもしたくがなくてこれでは出かけられないと、町裏をうろうろと歩いていますうちに、こわれた木鉢がおちていたからそれを拾って紙をはって頭にかぶり、浜の長者どんの門前にいって、八卦《はつけ》々々と大きな声でよばわって通りました。長者の家では娘の長わずらいをなおすのに、何がよかろうかと心配していた時だから、おいおい門前をふれて通る八卦屋、早くうちさあがって八卦置いてくれといいました。爺様はうちにはいって何八卦を置きますべというと、じつはこの家の娘が長の病気で、今日か明日かという容態《ようだい》だから、なんとすればよくなるか、その八卦を置いてみてくれといいました。それでは病《や》んでござる娘御のところに通してくれといって、娘の枕もとに行ってすわって、「二十里（約八〇キロメートル）這《ほ》うたる葛《くず》の葉は這えば二十里」というとなえごとを、なんどもくり返してから、前に鳥からちょうどきいておいた話を、くわしくしてきかせました。そうすると長者どんでは、いかにも八卦様のいうとおり、五、六年前に土蔵を建てたことがある。それではそんなこともあったかと、近所の大工をよんできて、さっそく土蔵の屋根板をはなさせて見ますと、はたして一匹の蛇が体が白くなって、もう半分くさりかけて釘に打ちつけられていました。ああこれのことだと大事に笊《ざる》に入れて屋根からおろし、流し前において物をやって、しばらく介抱《かいほう》して丈夫にしてからはなしてやりました。そうすると薄紙をはぐように、娘の病気も一日一日とよくなって、日数のたつうちにすっかりなおってしまいました。長者どんでは大喜びでお礼金は三百両、爺はたちまち大金持ちになりました。そうして家に帰って急に氏神様のお宮をたてなおし、今までないようなりっぱなお祭りをしました。もちろん生魚もたびたび買ってきて供えました。

それから聴耳爺は、こんどはいい着物をきてまた旅に出ました。そうしていつかの大木のしたで休んでいると、また西東から烏がとんできて、その木の枝に休んで世間話をはじめました。一羽の烏が一つ町にばかりいてはつまらぬというと、もう一羽の烏がほんにそうだが、おれの今までいた町にはこういうことがある。町の長者どんでは旦那が大病で、今日か明日かという命だが、それは五、六年前にはなれ座敷を建てたとき、昔からあった庭の楠《くす》の木を伐《き》りたおして、その切り株がちょうどはなれの軒下になって、雨だれに打たれている。それでも根が死に切らないものだから、生のあるかぎりは芽が出て、育ちたいと精魂《せいこん》をつくすのだが、芽が出れば刈《か》り、芽が出れば刈り取られて死ぬには死なれず、そんならばといって生きるには生きられず、その思いが旦那にかかって病気になっている。それにまた山々の友だちの木が、毎夜のように見舞いに来るがこれもまたたいへんなことだ。あれは生かさば生かすべし、またどうせ枯らす気なら、根からよく掘ってしまえばよいに、困ったものだと話しました。爺は烏の話をきいてさっそくその町に出かけました。八卦々々、頼むからうちの旦那の病が、どうすればなおるものかみてくれというので、長者どんの家へよび込まれました。ここには五、六年前に建てたはなれ座敷があるはずだから今晩はおれをその座敷にとめてくれ。あや八卦殿はどうしてそのはなれのあることを知っているかと家の者がびっくりします。それも八卦であてたが、まず今夜は俺をそこにおいてくれろ。明日は旦那の病気のもとを、洗いざらいあててみせるから、俺がいうまでは誰も入って来るなといって、その晩は一人でおきてようすをみていました。

そうすると真夜中ごろになると、がさりがさりと近よってくる者の足音がして、楠の木よ、あんばいはどうだといいます。それに返事をするのはなんだか土の底からでも出るようなかすかな声で、ああそういってくれるのは六角《ろっこ》牛《うし》山の梛《なぎ》の木か、遠いところを毎度難《なん》儀《ぎ》をかけてすまない。おれはこのとおり一刻も早く死にたいのだが、それさえ思うようにいかないので苦しんでいるというと、なにそんなに力を落すものでないとなぐさめて帰っていきます。また一時たつと、今度はしゅっしゅっという音がして来る者がある。楠の木どん、あんばいはどうかなと声をかけますと、また楠の木がいぜんのような声で、そういうおまえは早池峰《はやちね》山の這《は》い松だか。おれはとても助からぬが、こうおまえたちに毎夜みまいに来てもらっては申しわけがないといいます。ああそうだか。なんでもないことだから心配するな。今夜はつい五葉山《ごようざん》のほうへ遊びにいく通り筋だから、こうやっておまえにもあえたが、これが東と北とではあうこともむつかしい。そんなら春にもなってみたらまた本復《ほんぷく》するだろうから、力をおとさずに時節を待つがよいといって、這い松もまたさっきのように音をさせて帰っていきました。爺は聴耳頭巾をかぶっていて、すっかりこの話をきいてしまって、朝になると病人の枕元に案内してもらって、いつものとおりの葛の葉は二十里（約八〇キロメートル）の呪文《じゆもん》をとなえてから、昨晩の樹木《じゆもく》の問答をくわしくしてきかせました。これは軒下の楠の木だけの難儀ではない。諸所方々《しよしよほうぼう》の高山の木までが、このためにえらい苦労をしているのだから、早くその根株を掘ってしまえと教えました。そうして根を掘って庭の木の神様にまつったら、旦那殿の病気も、また薄紙をはぐように日ましによくなった。長者のうちの者はみな大喜びで、そのお礼がまた三百両。それをもらって家に帰って来てからは、爺はもう欲を出さないで八卦をやめ、自分もふつうの長者になって暮らしたそうであります。（岩手県上閉伊郡土淵村〔現遠野市〕。『老媼夜譚』佐々木喜善）

黒鯛《くろだい》大明神

むかし土佐《とさ》の国《くに》（高知県）のある山奥の村へ、浜から一人の魚商人《あきんど》が、魚を売りにはいってゆきました。さびしい山路《やまみち》で、路のわきの林の中に、誰かが罠《わな》をかけておいて、それに山鳥が一羽かかっておるのを見ました。魚売りはこれを見てほしいと思いましたが、ただ取っていくのはよくないことであるし、そこにちょうど人がいないので、かわりに自分の籠《かご》の黒鯛《くろだい》を三尾はさんでおいて、だまってその山鳥を取って帰って来ました。その後から村の人が来て見て、山に黒鯛のいるのがすでにふしぎであるのに、それが山鳥の罠にかかるというのはただごとではよもあるまい。なんでもこれは天の神のお示しであろうと、一同評議《ひょうぎ》をしてすぐに小さな社を建てて、その三尾の黒鯛を斎《いわ》いこめて、黒鯛三所権現《くろだいさんしょごんげん》ととなえて祀《まつ》りました。その評判が伝わりますと、方々からおまいりに来る者があって、社はたいへんに繁昌《はんじょう》しました。のちに魚売りがまたやって来て、山鳥を持っていった話をするまでには、もう繁昌のお宮になっていたそうであります。

（高知県）

山の神と子供

むかし、母と幼い息子がいました。母が毎日山で薪《たきぎ》をとって、細々と暮しを立てていました。その子が十一か十二になったときに母に向かって、今まではお母さんにさんざん苦労をかけましたが、今度は私が代わって働きに行きますから、今日からはうちにいて下さい、といって、それからは毎日山へ行くようになりました。母は喜んで息子のために毎朝お弁当の用意をしました。

ある日、子供がいつものように木の枝に弁当を結びつけておいて、その木に登って枯枝をとっていると、そこへ白髪のお爺《じい》さんがやって来て、木の上の子供の方を見い見い、枝から弁当をはずして食べはじめました。子供は枯枝をたくさん持って降りてきて、お爺さん、僕のお母さんのつくったお弁当はおいしいでしょう、と話しかけました。するとお爺さんは、ありがとう、年をとるとひもじくてな、といいました。子供は家に帰るとすぐにその話をすると、母はそれはいいことをした、それじゃあ、あしたは二つつくってあげるから、一つはおまえがおあがり、といって、翌朝は二つの弁当を持たせてくれました。子供はそれを持って山に行きいつものように働いているとまた昨日のお爺さんが来て弁当を食べました。子供は木を降りて来て、お爺さん今日はお母さんが二つ造ってくれたから、足《た》りなければもう一つあげましょうというと、お爺さんは二つとも食べてしまいました。

三日目には弁当を一つだけ持っていきました。母がよそへ行くので子供は早く帰らねばならないから、お爺さんの分だけ持っていったのでした。するとお爺さんが出て来て、ちょっとお待ち、お前にいってきかせたいことがある、と木に登ろうとする子供を呼びとめました。実は私は神様なんだよ、これからいってきかせることをよくきいて、そのとおりにしなさい。おまえはこれから天竺《てんじく》というところのりっぱなお寺へお詣《まい》りに行って来なさい。そして行く時に誰かがおまえに頼みごとをするはずだから、その頼みもきいてあげるといい、といったかと思うと、そのお爺さんはたちまち大きな樫《かし》の木になってしまいました。

子供は母にその話をすると、母も喜んで賛成してくれたので、天竺へ出発することになりましたが、途中の食べ物を持っていくにも持ち合せがありません。そこで近所の長者の家へ行って米と味噌《みそ》とを借りることにしました。長者は何に使うのかと尋《たず》ねるので、実は天竺のお寺にお詣りに行くのだと話しますと、それはよい都合《つごう》だ。それなら私の方にも頼みたいことがある。実は私の娘が三年前から病気になってなかなかよくならず、まだぶらぶらしているが、どうぞ娘の体が丈夫になるようにお祈りして来てもらいたい、というのです。子供は、はい、承知しましたと答えて、米と味噌とを借りて天竺の旅に出発しました。途中で日が暮れてあるりっぱな家に宿を借りましたが、その家の主人が、あなたはどこへ行きなさると尋ねますので、実はこういうわけで天竺へ行くところですと子供は話しました。すると、それはちょうどいい、実はこの家ではサンダン花という花を咲かせてその花を売って暮らしていたのだが、近ごろ元木と二番木との二本が枯れて、今では三番木だけしか花が咲かないで困っています。どうかして元木と二番木に花が咲くように、あなたが天竺のお寺に行かれるついでにお祈りして来てくれませんか、というのです。子供はこれも承知しました。そのあくる朝、お弁当をこしらえてもらって出かけようとすると、宿の主人がこれから先へ行くには大きな川を渡らねばならんといいます。行ってみるとなるほど大きな川で橋も架《か》かっていません。さあ困ったぞ、どうしたらいいかと途方にくれていると川の向こう岸を目や鼻の見わけもつかないくらい顔が脹《は》れた醜《みにく》い女が歩いています。おーい、おーい、この川はどうすれば渡れるかねえと子供が大声で呼びかけると、その女は不思議にもすうっと川を渡って子供のいる岸に来ました。そしていったいどこへ行くのかというので、わけを話すと、自分は陸に千年、海に千年、川に千年生きて来たもので実は人間ではない。天に昇ろうと思っているがどうしたら上がれるかもわからず、このとおり目も鼻も腫《は》れていつまでもこの地上でうろうろしている。どうしたら昇天できるか天竺へ行って神様にうかがって来て下さらぬか、といいます。子供ははいといって約束をすると、それでは、と子供を頭に乗せたかと思うと、つうーっと川を渡ってたちまち向こう岸に着きました。見ると遥《はる》か彼方《かなた》にりっぱなお寺が見えます。子供は喜び勇んでお寺へ行くと、そこにはこの間山で逢《あ》ったお爺さんがおりました。お前は何日でここへ来たかときくので、ゆうべ一晩泊っただけですというと、途中で何か頼まれはしなかったかね、とききます。子供はまず近所の長者の娘の話をすると、お爺さんはああそんなことか、それは、長者の家の雇人《やといにん》や近所の男という男は全部集めて、娘に盃《さかずき》をささせるのだ。娘が盃をさし出した相手の男に家の財産をやることにすれば娘の病気はすぐなおる、といいました。次にサンダンの花の話をすると、それは昔、その家の先祖が、木の根元に金の壺を埋めておいたのを、子孫がいつまでも知らずにいるので、それを掘り出させるつもりで花を枯らしたのだ。掘り出したら一つはおまえがもらい、一つはその家に置くということにすれば、一番木、二番木はすぐ生きかえる。そのほかには頼まれなかったか、といいます。そこで子供はあの醜い女の話をすると、お爺さんは、その女に会ったら、こういいなさい。お前がいつまでも欲深く持っているニンジョの玉を一つ人間にくれさえすれば、いつでも天に上れるのだ、といってやりなさい。それだけかね、頼まれたことは、ときくので、子供ははいそれだけですというと、お爺さんはまた樫《かし》の大木になってしまいました。

そこで子供は道を引っ返して大川の辺へ戻ると例の醜い女が待っていて、結果をききますので、子供は、まず川を渡してもらって、その後で話してやろうといいました。女は先のように子供を頭にのせて、つうーっと川を一渡りに渡りました。そこで子供が、お前さんは玉を二つもっているだろう、いつまでも欲張って持っていないで、一つは私に下さい、そうすればいつでも天へ上れます、というと女が、それでは、といって子供の手に一つの玉を渡したと思うと、遠くの方から恐ろしい大きな音が聞えて来て、その付近はたちまち霧《きり》がかかってしまいました。子供は恐ろしくなってどんどん走って逃げ出しました。やっと遠くまで逃げたので振り返って見ると、霧がはれて水の柱が空高く上っています。女はその水に乗って空へ上っていったのでした。

子供は女からもらった玉をふところに入れて、だんだん歩いてサンダンの花の家に来ました。主人に天竺できいたとおり話すと、主人はさっそく木の根元を掘りました。果して黄金の壺が出たので、その一つを子供にやりますと、枯れていた元木と二番木が芽をふいて来ました。子供はその黄金の壺をもらって喜んで帰って来ました。そして今度は隣の長者の家です。天竺のお爺さんの言ったとおり長者に話すと、さっそく家の雇人でも近所の者でも、男という男は全部家に呼び集めて、娘に盃をささせて見ました。けれども娘はいっこうに誰にも盃をさそうとしません。残ったのは天竺から帰って来た前の家の子供です。お前だって男だ、盃を受けてみてくれといわれて娘の前に行きますと、娘はすぐ盃をとって差出しました。すると子供の方ではいっこうに受取ろうとしません。長者は、これは神様の思《おぼ》し召《め》しだから受取ってくれと頼みますので、子供はついに盃を受けました。すると娘の病気もたちまちよくなって、立って舞を舞いました。

子供は母と一緒に長者の家に入って娘の聟《むこ》になり、いつまでも仕合せに暮らしたということです。

（鹿児島県大島郡沖永良部島《おきのえらぶじま》。『沖永良部昔話集』岩倉市郎）

三人兄弟の出世

むかしある夫婦の間に三人の息子がおりました。ある日兄弟がいっしょに畠《はた》打ちに行きましたので、後から父親が行ってみると、昼までは一生けんめいに、頭も上げないくらい精出して畠を耕していました。さあおひるにしようといって昼飯をすますと、一人は便所に行って青蠅《あおばえ》を小さな弓で射《う》って遊んでいる。それからは三人が日の暮れるまで、やれ羽を射た、いや、おれは頭を射たなどといって遊んで、家に帰って来ました。それを見た父親は、そんな怠け者は家に置けない、出てゆけと怒りますので、三人は仕方なく家を出ました。だんだん歩いていくと道が三筋に分かれているところへ出ました。そこで兄弟は相談して、兄さんは上の道、中の兄さんは中の道、弟は下の道を行くことにして、何年目の何月何日にここで会うことにしようと約束をして別れました。

上の道を歩いていった兄は大勢の大工が家を建てているところで、黙ってみなの働くのを見ていました。すると一人の大工が、おまえは大工の弟子《でし》にならないかといいますので、兄はその場で大工の仕事をすることになりました。

次の兄の道にはたくさんの人が集まって弓の稽古《けいこ》をしているところがありましたので、その仲間になって弓の師匠《ししょう》に弟子入りをしました。

末の弟の行ったところには盗みの稽古をしているところがあって、やはりそこで盗みを習うことになり、こうして兄弟三人それぞれに技《わざ》をはげんでおりました。

そのうちに何年目かの約束の日が来ました。三人とも暇をもらって元の道のところに、兄が最初に、次には中の兄、最後に弟が、帰って来ました。

兄殿は何の仕事をして来たか。俺は大工の仕事だ。次男殿は。俺は弓を習って来た。ああ、それではお互いに飯が食えるな。ところで三男殿は、と兄たちがききますが、何かもそもそいうだけでいっこうにはっきりしません。盗みの修業でもして来たんだろう、それでは飯が食えんな、というと弟は、兄さんたちは巾着《きんちゃく》を持っているかとききます。二人が持っているというが早いか、すばやく兄たちの巾着をすり取ってしまいました。すりとっておいてそれでは出して見なさいといいましたが、兄たちがどこを捜しても見つかるはずはありません。そこで弟が二つの巾着を出して見せると、兄二人も、お前もこれなら飯が食えるといって、三人揃って家に戻って来ました。

その頃殿様の一人娘が鬼にとられてどうしても取り戻すことができません。取り返してくれる者があれば、望みどおりの褒美《ほうび》をやるというおふれが出ました。これを見て三人の兄弟は、さあ、今こそ俺たちの働きどころだ。三人が協力すればきっと取り戻して見せると、鬼のところへ出かけてゆきました。鬼はその時娘さんに頭の虱《しらみ》をとらせて昼寝をしていました。

大工さん、人形をつくれよ、と弟がいいますと兄はすぐ娘さんそっくりの人形をこしらえました。末の弟がそれをすばやく娘さんと取りかえて、大急ぎで舟に乗って沖《おき》へ逃げ出しました。鬼が目をさまして見ると傍にいるのは木の人形でしたので怒ってかみつぶしてしまいました。そして沖を見ると船の帆《ほ》がちらちらと走っていくのが見えます。鬼はそれっとばかり打鍵《うちかぎ》を投げて船に引かけてひっぱりますと、舟はどんどんと陸の方へ連れ戻されます。そしてもう鬼の手の届くくらいまで来てしまったときに、それ、次男どの、今だ、弓を射れ。次男が体中の力を絞《しぼ》って鬼の首に矢を射込んで殺してしまいました。

三人は無事に娘さんを殿様に返してたくさんの褒美をもらい、楽な一生を暮らしたということであります。

（鹿児島県薩摩郡甑《こしき》島。『甑島昔話集』岩倉市郎）

槍《やり》を持った星

むかし、長者の家に七人の息子がありました。その近所の貧しい家には一人の子供があって、これらの子供たちは揃って寺子屋へ行っておりました。

ある日、寺子屋の先生が、川へ行って舟を走らせるから、舟を持って来いといいました。長者の子供は金持ですから、大工に頼んで舟をこしらえましたが、貧しい家の子はそんなことはできません。一人で泣いていると、そこへ修業者が通りかかってそのわけをききました。それでは板切れと粘土《ねんど》とを持って来いというので、いう通りにしますと、板切れで舟をつくり、粘土で梶《かじ》とりの人形をつくってくれました。けれども貧しい子供は、心の中で、こんなことではとても長者の子供たちには勝てそうもないと思って悲しんでおりました。

翌日、その舟を持って寺子屋に行くと、長者の子供たちは馬鹿《ばか》にして笑っていましたが、いよいよ川へ浮かべてみることになると、修業者のつくってくれたこの舟は、ふしぎなことには粘土の人形がおも梶をとって、見ている間に動き出しました。木片と粘土でできているのだから、きっと沈んでしまうと思っていた子供は、長者の子の舟より早く走っていくので大喜びをしました。

こうして、貧しい家の子に負けたので、長者の子供たちは口惜《くや》しくてなりません。何かで仕返しをしようと思っていると、ある日先生が鳥を一羽ずつ書いた扇子を持って来ていいました。長者の息子はすぐ扇子屋からりっぱな扇子を買って、画描きを呼んで鶏の絵を描かせました。貧しい子は家に帰ったが何ともしようがありません。考え込んでいると、そこへ先日の修業者が通りかかって、破れた扇子をつくろって鶏の絵をかいてくれました。翌日その扇子をもっていくと寺子屋でその鶏が鳴きました。先生はそれをきいてたいへんに驚き、もう一度なけば宝鳥だといいますと、いうかいわないうちに、こけここことなきました。そこで、今度も長者の息子の負けとなりました。二度とも貧しい家の子供に負けたので長者の息子たちは、とうとう腹を立てて槍を持って追いかけましたが、寺子屋の先生たちが間に立ってそれを止めました。そうしてそのままみなが星になってしまったそうです。

いまこの地方（佐柳島）で、シチセイ星といっているのは長者の子、ネノ星というので貧しい家の息子です。そうしてその星の間にあるのが寺子屋の先生のヤラエ星であります。

七星の一番先頭の星が槍を持っているのは、この時からだそうです。

（香川県仲多度郡佐柳島『讃岐佐柳島・志々島昔話集』武田明）

海の水はなぜからい

むかしのむかしの大昔、あるところに兄と弟とが住んでおりました。兄は金持ちで弟は貧乏、年の暮になっても明日の正月のしたくもできないので、兄の家へ米を一升借りに行きましたが、ひどいことをいってかしてくれませんでした。仕方がないから家へ帰って来ようとしますと、山路《やまみち》で一人のまっしろな髯《ひげ》の爺《じい》様が、柴《しば》を刈《か》っているのにであいました。どこへお前は行くのかと尋ねますから、今晩は年越しだけれども、お歳神《としがみ》様に上げる米もないので、あてもなくただこうして歩いているばかりだと申しました。それはさだめし困ることであろう。それではこれをやろうといって、小さな麦饅頭《むぎまんじゅう》を出してくれました。この饅頭を持ってあすこの森の神様のお堂へいってみろ、お堂の後には穴があって、そこに大勢の小人がいてきっとお前の饅頭をほしがるだろう。金でもなくほかの物でもなく、石のひき臼《うす》とならばとりかえてやろうといって、その臼をもらってゆくがいいと教えてくれました。

教えられた森のお堂まで行ってみると、なるほど穴があって多くの小人が出たり入ったりしてがやがやとさわいでいます。何をしているのかと思うと、たった一本の萱《かや》にとりついて、たおれたりころんだりしているのでありました。どれ俺が持っていってやるべといって、指につまんで、はこんでやりました。そうすると穴の口で、人殺し人殺しと蚊《か》のなくような声がするので、おどろいて気をつけて見ると、小人が一人下駄《げた》の歯の間にはさまっていましたので、急いでていねいにつまんで出してやりました。なんたら力のつよい大きな人だといって見上げた拍子《ひょうし》に、弟の手に持っている麦饅頭を見つけました。それをぜひ私たちにゆずってくれとたくさんの黄金を持って来て前に積みましたが、かねて白髪の爺様に聞いていますから、石のひき臼とならば取りかえてもいいといって、とうとうその臼をもらってしまいました。これは小人の中でも二つとない宝物なのだが、饅頭のかわりにお前にやる。右へ廻《まわ》すと欲しい物がなんでも出る。左へ廻すと出なくなると教えてくれました。それを大事にかかえて家に帰ってみると、女房が待ちくたびれていました。年越しの晩だというにどこを歩いていた。米は借りて来たかとやかましく聞きますので、まあなんでもいいから早く蓙《ござ》をしけといって、女房に蓙をしかせてその上に小臼をおき、米出ろ米出ろといって右へまわすと、米がぞくぞくと一斗も二斗も出てきました。この次は鮭《さけ》が出ろというと、大きな塩引きが二本も三本もひょこひょこと出た。それからじゅんじゅんに入用の物をみなひき出して、その晩はなんともかともいいようのない、めでたいお年取りをして寝ました。明くれば正月元日の朝で、俺はこんなに俄《にわか》長者になったのだから、今までのように人の片屋《かや》の借り住居などをしているのはおもしろくない。まず新しい家をたてようといって、ひき臼をまわしてりっぱな家と五間に三間の土蔵を出しました。それから長屋だの廏《うまや》だの、廏につないでおく馬を七匹も出して、あとはそれそれ餅《もち》出ろ酒出ろといって、あたり近所や親類縁者をのこらずよんで祝いごとをするしたくをしました。村の人たちはびっくりして呼ばれてきて、今までないようなごちそうになりました。昨日一升の米をかさなかった兄も呼ばれて来ました。どうしてまた一晩のうちに、こんな長者になったものであろうか、とふしぎでふしぎでたまらないので、おどろきながらもそちこち気をつけておりますと、やがて客人が帰っていくときに、お土産《みやげ》の菓子でも持たせてやろうと思って、そっとかげに入って弟が例の石臼をまわして、菓子出ろ菓子出ろといっておるのをすき見をして、ははあ今わかった。あの臼だなと感づいてしまいました。

それからその晩客がみな帰って、弟夫婦がよく寝てしまった時刻を見はからって、兄はそっとはいって来てかげの部屋から、石のひき臼を盗み出しました。そうしてそのついでに傍にあった餅だの菓子だのも取って、浜に出てみると幸いに小舟がある。これにその宝の臼をのせて、綱をといて沖の方へ漕《こ》ぎだし、どこかの島へ渡って一人で長者になろうとしました。しかしその舟の中には餅や菓子のような甘い物は積んで出ましたが、あいにくと塩気のものが何もありません。それでは何よりも先に塩を出そうと、やたらに臼をまわして塩出ろ塩出ろといいますと、さあ出たわ出たわ、たちまちのうちに舟に一ぱいの塩が出た。もうこのくらいで止めたいとは思いましたが、左へまわして止めることを知らぬものですから、いつまでもいつまでも塩ばかり出てきて、とうとうその塩の重さで舟も兄も、盗んできた石の小臼も、ともどもに海に沈んで、いまに誰一人として左にまわす者がないために、海の底でその臼が塩ばかり出してまわっております。それであのとおり海の水は、塩からいのだということであります。

（岩手県上閉伊郡。『老媼夜譚』佐々木喜善）

餅《もち》の木

あるところに兄は金持で、弟は貧乏な兄弟がありました。ところが兄は少し人がよく、弟はなかなか利口であったので、どうかして兄をうまくだまして一もうけしたいものだと考えました。やがて一策を案じ、山から枝ぶりのいい木をとって来て餅をつき、その餅を木にひっつけました。そして兄のところへ行って、兄さん兄さん、餅のなる木があるが買わないか、餅をとって食えば、またあとから幾らでもなるという不思議な木だ、と上手にすすめました。兄は、餅のついている木を見て、なるほどと思い、高いお金を払って弟からその木を買いとりました。しかし、ついている餅を食べてしまえばあとはただの木ですから、また、餅がなるなどということはあるはずがありません。兄は初めてだまされたことを知り憤慨《ふんがい》して弟の家へ怒りに来ると、弟は、まあ、待って下さい、兄さん、あなたはいったいどこになっていた餅から取って食べたのですか、とききます。一番大きいのから先に取った、と兄が答えると、それだから後がならないはずだ。その一番大きいのが親餅で、それが子を生むのだったのに、と弟はすました顔でいったということです。

（長崎県下県郡《しもあがたぐん》仁位村《にいむら》〔現対馬市《つしまし》〕。『くったんじじいの話』鈴木棠三）

分別八十八《やそはち》

むかしむかし奥州《おうしゅう》のある村に、八十八《やそはち》という名前の男が六人住んでいました。あだながなくては誰が誰だかよくわかりません。そこで一人は気が荒いから外道《げどう》八十八、一人は博奕《ばくち》が好きで博奕八十八、一人は田を作っているから百姓八十八、一人は米の商《あきな》いをするゆえに米屋八十八、また一人は盗みをするので、盗人《ぬすと》八十八、今一人の八十八はちえがあるところから、人が分別《ふんべつ》八十八という名を付けてまちがわぬようにしていました。

ところがある日外道八十八は、博奕八十八とけんかをして、うんと打ったら博奕八十八が死んでしまいました。殺す気はなかったのでびっくりして、困って分別八十八のところへ相談に来ました。それではその死骸《しがい》を百姓八十八の田の水口に持っていって、そっと田の畔《くろ》にしゃがませておいてみよと教えてくれました。

その晩百姓八十八は田の水を見まわりに出てみると、自分の田の水口に誰だか知らぬがしゃがんでいます。にくいやつだ、また水を盗みに来たなといって後から棒で一つ打つところりとたおれ、それをよく見ると博奕八十八でありました。とんだことをした、どうすればよかろうかと、これも外道八十八と同じように分別八十八の家へお土産《みやげ》を持って相談に来ました。それではその体を空俵《あきだわら》につめて、米屋八十八の倉の前の、米俵のいちばん上において来てみよと教えてくれました。

そうするとその次の晩に、盗人八十八は米屋八十八の倉の前から、米かと思ってその俵を盗んで来ました。家にもどって俵をあけてみると、それは博奕八十八の死骸であったので、肝《きも》をつぶしてしまいました。どうしたらよかろうかと思案にくれて、やっぱり分別八十八のところへお礼を持ってちえを借りにきました。

そんなら今夜おそくなってから博奕八十八の家の表戸をたたいて、今もどったぞといってみよ。きっと女房が怒っているから、やかましいことをいって戸をあけぬにそういない。そうしたら死んだ博奕八十八を、門口の井戸の中へ投げこんで来るがよいと教えてやりました。それで盗人八十八は教えてもらったとおりに、夜更《よふ》けに博奕の家の戸をこととたたいて、嚊《かかあ》よ今帰って来た。開けてくれとつくり声でいいました。そうすると家の中では、はたして嚊が大声を出して、今帰ったもないもんだ。お前見たいな人は死んだ方がいいとわめきました。その時に死骸を井戸の中へ、どぶんとほうり込んでさっさと帰りますと、後で女房はその音に大さわぎをして、村中の人を頼んで博奕八十八を引きあげてもらって、それを見ておいおいと泣いたそうです。

分別八十八だけはみなからお礼をもらって、一人でうまいことをしました。

（岩手県上閉伊郡土淵村〔現遠野市〕。『老媼夜譚』佐々木喜善）

二反の白

むかし五月のお節供《せっく》の前に、五月人形を箱から出して来て、嫁《よめ》と姑《しゅうとめ》とが口争いをしました。この人形は田原藤太《たわらとうた》だ、いいや八幡太郎《はちまんたろう》だといい張って、どちらも負けておりません。それならあすは和尚《おしょう》さんのところへ行って、どちらが本当かきめてもらおうといって、その晩のうちに、姑はそっと白木綿《しろもめん》を一反持ってお寺に行き、どうか私を勝たせてくださいと和尚にたのみました。それが帰っていくとまたしばらくして、今度は嫁の方もまた白木綿を持って、同じことをたのみに来ました。それで翌日二人がそろって来て、どちらがまちがっているか、和尚さんならばわかりましょうといいますと、和尚は笑いながら、これは田原藤太でも八幡太郎でもない。こちらでも一反の白、あちらでも一反の白、すなわち仁田《にたん》の四郎ただとりという人形だよと答えました。

（長野県南安曇郡）

仁王とが王

むかしむかし日本の仁王《におう》様のところへ、唐《から》からが王様が力競《くら》べにやって来たそうです。そのとき団子《だんご》をこしらえてごちそうにしようといって、仁王様の家内が鉄の棒をちぎって団子を作り、豆の粉をかけてお茶菓子に出しました。そうしてが王様をためしてみようとしたのですが、が王はがまんをして、これはけっこうだといって食べてしまいました。これならば兄弟分になって、観音様の門番をしてもいいといって、二人がそれから門番になりました。それだから今でも一方の仁王様は鉄の棒を持って立っています。一方に大きな口をあけて、その棒を食べようとしているのが唐のが王様だということであります。

（長野県南安曇郡）

無言くらべ

むかしむかしあるところに、この上もなく餅《もち》の好きな夫婦がありました。餅を搗《つ》いてさんざんに食べて、後にもう少しばかり残った。これは今晩だまりくらべをして、勝った方が食うことにしようと約束しました。ところがその晩にあいにく泥棒がはいって、そこら中を捜して歩きました。夫婦は二人ともちゃんとそれを知っていましたが、物をいうと負けになって、餅を食われてしまうからがまんをしていました。そうすると泥棒はいい気になって、ほうぼうさがし散らしておしまいにとだなを開け、餅の木鉢を持ち出そうとしました。それを見ていると女房はもうたまらなくなって、あれ盗人《ぬすと》が餅を持っていくと、大きな声でわめきました。今までしんぼうしていた亭主はやっと口を開いて、餅はもうおれの物だと、どなったそうであります。なんと、みなさん、泥棒がそれを承知したでしょうか、どうでしょうか。

鼠経

むかし、むかしある人が犬をつれて山へ狩《かり》に行きました。日が暮れたのである一軒家をみつけてそこに泊めてもらいました。その家にはおじいさんとおばあさんが住んでいましたが、狩人《かりゅうど》に向かって、おまえさまの村にはお経の文句があるじゃろうか、とききました。はい、あります、と答えると、ではわしらに教えて下さらんか、と頼みました。狩人はお経の文句をおぼえてはおりませんから、困って天井を見上げ、何といったものかと考えていると、ねずみがちょろちょろと出てきました。そこで、ちょろちょろするのはなんじゃいな、というと、今度はねずみがしゃがみました。それを見て、そら、そけ（そこに）しゃごだ（しゃがんだ）といいました。おじいさんとおばあさんは、これはありがたいお経を教わったと思って、その晩から毎日、ちょろちょろするのはなんじゃいな。そら、そけ、しゃごだ、とくり返し、くり返しとなえておりました。

ある晩その家にどろぼうがはいりかけ、ちょろちょろして中の様子をうかがいました。その時おじいさんとおばあさんが、仏さまの前でお経をあげ始めました。ちょろちょろするのはなんじゃいな。どろぼうは、しまった、みつけられたかな、と思って障子《しょうじ》のかげにしゃがみました。おじいさんとおばあさんはつづけて、そら、そけ、しゃごだ、とお経をあげましたら、どろぼうは、てっきり自分のことをいわれたと思ってあわてて逃げていきました。おじいさんとおばあさんは何もしらずにお経をあげていたそうです。

（熊本県葦北郡水俣町《あしきたぐんみなまたちょう》〈現水俣市〉。『昔話研究』一ノ七）

蛙の人まね

これは岩手県二戸《にのへ》郡《ぐん》の仁《に》佐平《さったい》という山村の話であります。

むかしむかし、たとえばこの仁佐平のようなところの川に、蛙が一匹すんでおりました。ある日、九戸《くのへ》の方から一人のばくろうが馬に乗って、のんきそうに歌いながら福岡の方へ向かっていきました。それを見た蛙は、おれもあのばくろうのような声が出してみたい、と思って、ゲエゲエといってみましたが、どうしてもうまくいい声が出て来ません。一生けんめいに声を張り上げて歌うと、ばくろうはその声におどろいて、立ちどまりました。そしてその辺を見まわしましたが、何もおりません。ただ蛙が一匹、ゲエ、ゲエといっているだけでした。ばくろうは蛙に、何をしているのか、とききますと、おまえさんの声があまりいいから、まねをしているところだといい、おまえさんはどこへ行くのか、とたずねました。ばくろうは、おれはこれから伊勢まいりに行くのだ。おまえも行きたければつれていってやろう、といいました。蛙は、それはありがたい、と、馬の背へ飛びのって、いっしょに行きました。

山を越え、村を通り、やがて盛岡の方までやって来た時に、蛙は馬の背の上で考えました。まてよ、人間は二本足で立って歩くのに、おれだって立って歩けないはずはないぞ。よし、やってみよう、と、馬から下りて二本の足で立って歩いてみました。するとけっこうまく歩けるので、喜んでそのままどんどん歩いていきました。しばらく行ってから見ると、行く手に仁佐平のようなところが見えます。おや、おかしいぞ。こんなに仁佐平に似たところが他にもあるのかしら、と思って立ちどまり、しばらく休んでからまた、あたりをながめますと、何と、そこは自分の住んでいたところでありました。蛙の目はうしろについているので、二本足で立って歩いたら後向きにあともどりして、もとのところに帰ってしまったというわけです。人のまねなどすると、こんなばかを見るという話であります。

（岩手県二戸郡爾《に》薩体《さったい》村《むら》仁《に》佐平《さったい》〔現二戸《にのへ》市《し》〕。『二戸の昔話』菊池勇）

そら豆の黒いすじ

むかしあるところに一人のお婆さんがおりました。おかずを煮ようとして豆をひやかし、お鍋《なべ》に入れる時に、はずみで豆が一粒、下に落ちて庭のすみの方へころがっていきました。お婆さんがたきつけの藁《わら》を持ってくると、風が吹いてきて、藁《わら》を一本、庭のすみへ飛ばしました。お婆さんが火をたきつけて仕事をしていると、真赤におこった炭が一つ、下へ落ちてころころとこれも庭のすみへころがっていきました。

　庭のすみに集まった豆と藁と炭とは、さて、これから伊勢まいりに行こうじゃないかということになり、そろって出かけました。川のところに来ると、藁が橋になりました。豆と炭とは、わたしが先に渡る。いやわたしが先だ、といって争いましたがとうとう炭が先にわたることになりました。炭は半分まで行くとこわがってぶるぶるふるえ出し、なかなか進みません。そのうちに藁が燃え出して炭といっしょに川の中へ落ちてしまいました。それを見ていた豆は、さっきの罰だぞ、といって大笑いをしましたらお腹がパチンとはじけました。困って泣いていると、そこへ裁縫屋《さいほうや》が通りかかり泣くわけをききました。さっきからの話をして、われたお腹をみせると、それはかわいそうに、といって針と糸を出して縫ってやりました。あいにく青い糸がなかったので、黒い糸で縫ったため、そら豆には黒いすじができたのだそうです。

（静岡県浜名郡芳川町〔現浜松市〕。『静岡県伝説昔話集』）

百足《むかで》の使い

ある時、百足《むかで》と蚤《のみ》と虱《しらみ》とが寄り合いました。寒い日だったので、こんなときにはみんなで酒でも買って飲もうじゃないか、と百足がいい出しました。それにはみな賛成しましたが、さて誰が酒屋まで使いに行くかということになると、蚤は、おれはぴんぴん飛ぶので瓶《かめ》をわってしまいそうだから、この使いはできない、と申します。また、虱も、わたしはぐずぐずして歩くのがとてもおそいから、どうもお役には立つまい、といいました。仕方がないので百足が自分で行くことになりました。ところがいくら待っても百足はもどって来ません。蚤と虱はとうとう待ち切れず、いったい百足は何をしているのだろうと、見に出かけました。すると庭のすみで百足が何かしているので、おいおい百足さん、何をしているんだ。おそいじゃないか、と声をかけました。百足は見向きもせずに、おれは足がたくさんあるものだから、まだわらじをはいているところだと答えました。

（長崎県西彼杵《にしそのぎ》郡《ぐんい》伊王島《おうじま》。『伊王島村郷土史』松尾謙治）

清蔵の兎

むかしむかし清蔵は友だちとともに、山へ遊びにいきましたところが、草の中に兎が一匹ぐっすりと昼寝をしていました。ああこんなところに兎が死んでいると、つれの者の一人がいいますと、清蔵はさっそく鼻をつまんで、どうりで先ほどからえらく臭いと思っていたといいました。そのうちに兎が人の声に目をさまして、おどろいて走っていったので、なんだ昼寝をしていたのかと、その友だちがびっくりしますと、また清蔵が口を出して、だからおれもなんだか耳が動くようだと思っていたのだといいました。それからこのかた、いいかげんなことをいう人を、清蔵さんの兎のようだと、たとえ言《ごと》にいうようになりました。こういうおかしい人の昔話は、まだいろいろのことがたくさんにありますが、今度はその中の三つ四つしか、お話をすることができません。

鳩の立ちぎき

むかしある山家《やまが》の村で、爺《じじ》が川のむこうの山畑に働いていました。川のこっちの爺が声をかけて、おい今日は何をまくかと聞きますと、返事はせずに小手招《こてまね》きをしました。川を渡ってそのそばまで行って、どうしたかというと、その耳に口を寄せて、おれは大豆《だいず》をまいている。豆をまくのがどういうわけで内証《ないしょう》ごとだ。それでも鳩《はと》にきかれるとたいへんだから。

（群馬県吾妻郡《あがつまぐん》。『吾妻郡誌』）

杖《つえ》つき虫

むかし座頭《ざとう》が一人、琵琶《びわ》を背なかに負うて、ある山家の村を通っていますと、川の向こうの畑の爺が、川のこちらの爺へ声をかけました。やいやい、あれを見ろ、大きな杖つき虫が出たわ。六年前にもあの虫の出た年は小豆《あずき》がよく取れた。今年も小豆が豊作《ほうさく》であろうといいました。

首筋にふとん

むかし貧乏で藁《わら》をかぶって寝ていました人が、はずかしいから藁の中に寝ているというな。人の前ではふとんといえと、常から子供を教えておきました。そうするとあるときお客に行った席で、ととよ、ととの首筋にふとんの葉がくっついているよと、その子供がいったそうです。

木のまた手紙と黒手紙

むかしある山の中の村にお婆さんと娘がいました。娘は山を越え、谷を渡らなければ行かれない遠い隣村にお嫁に行くことになりました。お婆さんは娘に、お前が家へ泊りに来る時には、途中が遠くて危いからたった一人では来るなよ、必ず誰かに送ってもらってお いでといいきかせてお嫁にやりました。

ところが娘は嫁に行ったまま、泊りにも来なければ、何の音沙汰《おとさた》もないので、お婆さんはひどく心配になりました。ある日隣の人が隣村に用があって行くことになったので、娘さんのところへ何か言伝《ことづ》てでもないかと聞きに来てくれました。お婆さんはその親切な心《こころ》遣《づか》いを喜んで手紙を持っていってもらうことにしました。そして奥の部屋で何やら書いていましたが、それではこれを娘に渡して下されといって頼みました。隣の人は何というえらい婆さんだろう。手紙が書けるとは知らなかった、驚いたことだとしきりに感心していました。

隣村に行って娘にそれを渡しますと娘は大喜びで読んで、これをお婆さんに届けて下さいと返事を書いて渡しました。隣の人はますます感心して、これはこれは、婆さんもえらいが娘さんもえらいなと思いながら村へ帰ってその返事をお婆さんに届けました。

実は、このお婆さんも娘も字は一字だって知ってはいなかったのです。お婆さんの手紙には木の股が〈〈〈〈と四つ書いてありました。これは「あねまた、んなまた、なぜまた、来ねまた」（娘やお前はどうして来ないのか）というつもりで書いたのを、娘はすぐわかったのです。娘の方の返事は紙いっぱい、隙間《すきま》もないほど墨でまっ黒に塗ってありました。

これは、泊りに帰りたいと思うが、ちっとも隙《ひま》がなくて帰られないということを書いたのですが、やっぱりこれも、お婆さんにはすぐわかったそうです。

（新潟県古志郡山古志村。『とんと昔があったげど』第一集　水沢謙一）

知ったかぶり

むかしよそに行ってはじめて饂飩《うどん》をごちそうになった人が、給仕《きゅうじ》の子供になんという名前だとそっとたずねました。子供は自分の名をきかれたのかと思って、弥二郎《やじろう》ですと答えました。それをおぼえていて今度は村の人たちと、町へ出てきた時に、ほし饂飩の掛けてあるのを見ました。そうするとさっそくつれの者にむかって、あれあれ生《なま》弥二郎があんなに干してある。あれをゆで弥二郎にしてみなに食わせてみたいなと、いったそうであります。

やせ我慢

むかしむかしある威張《いば》った武士が、田舎《いなか》の農家に来てとまりました。今晩はひどく寒い。蓙《ござ》でも掛けて寝て下さいというと、身共《みども》はたびたび軍《いくさ》に出て、いつも野宿《のじゅく》に物を掛けて寝たことなどはない。無用《むよう》なことだといってごろ寝をしました。そうすると夜中に寒くなってきて困りました。それで家の者をおこして、おいおい亭主《ていしゅ》、この家の鼠には足が洗わせてあるか。いやそんなことはいたしませぬ。そうか、それではふまれると着物がよごれる、蓙を出してくれ、かけてふせごうといったそうであります。

慾ふか

むかしむかしあるところに、慾の深い婆《ばば》があって、なんでもかでも人の物を見ると、もしいらないなら私に下さいといってもらっていきました。あるときその近所の家で猫が鼠を捕って、しっぽだけ食い残してあるのを、すてようとしていた人たちが、いかにあの婆さんでも、これだけは下さいというまいといって笑っておりますと、噂《うわさ》をすれば影という諺《ことわざ》のとおり、ちょうどその年寄りが遊びに来ました。そうしてその鼠の尾を見て、もし御不用《ごふよう》なら私に下さいといいました。それには誰も彼もおどろいてしまいまして、いったいあなたはこれを何にするのかと問いますと、はい持っていって錐《きり》の鞘《さや》にいたしますと答えたそうであります。

物おしみ

むかしむかし、二人の物惜しみが隣どうしに住んでおりました。あるとき一方の主人は隣へ使いをやって、釘《くぎ》を打ちとうございます。どうか御無心《ごむしん》ながら少しの間、鉄槌《かなづち》をお貸し下さいといわせました。こちらの主人はその使いの者に、さてその釘は木の釘か鉄の釘か。はい鉄の釘を打ちますと答えると首をかしげて、まことにお安い御用ですが、折りあしく鉄槌はほかへ貸して今手元《てもと》にありませんといって、使いの者をかえしました。その返事をきいて借り主はあきれかえり、なんと世の中には吝《しわ》い人もあるものだ。木の釘か鉄の釘かとたずねて、鉄の釘ときくとうそをついてことわった。鉄槌がいたむと思って、作りごとをするのはけしからぬ。それではもういたし方がない。家の鉄槌を出して使おうといったそうであります。

盗み心

むかしむかしある男が、雪の降った日に人の家へ遊びにいきました。あまり外が明るかったので、にわかに家の中にはいったら、まっ暗で夜のようでありました。ああ暗い暗いといって上がっていくと、上がりはなで何か冷たい物をふみました。手に取ってみれば小さな鉈《なた》です。前からこんな鉈が一つほしいと、思っていたところなので、悪い考えをおこしてたれにも見えまいと思って、その鉈をそっとふところへ入れました。ところが少しすると、家の中はさほど暗くもなく、家の人たちがこの様子を、みなでよく見ていたことがわかりました。これは困ったことをしてしまった。どうすればよいかともじもじして、いつまでも話をしていますと、おりよくまた一人、外から遊びに来た者があって、はいって来るやいなや、ああ暗い暗いとどなりました。それを聞くと鉈を盗んだ男、それにはいいまじないがあるから教えてやろう。これくらいの小さな鉈をちょっとふところに入れているとすぐに明るくなる。私も今ためしてみたが、たしかにそのとおりであったといって、その鉈を今来た男に渡しましたそうです。

聟《むこ》の世間話

むかし聟《むこ》どのがはじめて舅《しゅうと》の家へ行く時に、何か前からおもしろそうな世間話の用意しておいて、いい時刻に出すのがよい。ただだまって食ってばかりいると笑われると、友だちに教えてもらいました。それでその日はひととおりの挨拶《あいさつ》がすみ、いよいよお膳《ぜん》が出て酒盛りもはじまったころに、聟は箸《はし》を膝《ひざ》の上に立てて、こういう世間話をしたそうであります。なんと舅殿《しゅうとどの》、おまえ様は一かかえほどある鴫《しぎ》をごらんになったことがありますか。

いやそんな物はついぞ見たことがない。そうでございますか、私もまだ見たことがございませぬ。それでおしまい。

下の国の屋根

大うそつきの話にも、いろいろと珍しいのがあります。むかしある村で井戸をほったら、いくらほってもほっても水が出て来ません。それでももっとほれと毎日毎日ほり下げていくと、おしまいに黒くくすぶった藁《わら》が出て来ました。それを取りのけてなおほろうとすると、下から大きな声でどなりつけられました。上の国のやつらは何をするか。それはおれの家の屋根の藁だ。それをはいでいってどうするかと、非常に怒られたという話。

博奕《ばくち》うちの天登り

むかしむかし、博奕《ばくち》にさんざん負けて帰って来る悪者が、一人で大木の下で賽《さい》をころがして、勝った負けたとおもしろそうに遊んでいますと、天狗《てんぐ》が見ていてたいそうその賽をほしがりますから、それを天狗の羽団扇《うちわ》と交換してやりました。この団扇で鼻をあおぐと、少しあおげば少しばかり、強くあおげばうんと鼻がのびます。団扇を裏がえしにしてあおげばまただんだんに低くなります。それを持って長者のうちの門の脇に立っていると、長者の一人娘が神参りにでようとします。その鼻を目がけてうんとあおぐと、鼻が七尺（約二・一メートル）にもなって外へ行くこともできず、広い座敷に鼻をよこたえて毎日泣いていました。もしこの鼻をもとのどおりにしてくれることのできる人は、長者の聟《むこ》に取ろうという高札を立てると、団扇をふところに入れてこの男が聟にきました。そうしてすこしずつ娘の鼻を低くしてやったので、家の者がみな喜びました。それで得意になって寝ころんで涼んでいますと、男はうっかりねむってしまって、自分の鼻をむちゅうであおいでいるうちに、鼻がだんだん高くなって、天にとどいているのも知らずにいました。天の上の天の川では、そのころちょうど川普請《かわぶしん》がありまして、橋杭《はしぐい》が一本足りなくて捜しているところで、それへ下からふいに棒がつき出したので、これ幸いと縄《なわ》をもってくくって、さきの方を少しねじまげました。痛いので気がついた長者の聟は、あわてて羽団扇を裏がえしにして、せっせとあおいでみてももうまにあいません。鼻がちぢんでもどって来るかわりに、体の方が橋杭にひき寄せられて、天に登ってしまいました。それで今でも天の川の底には、博奕うちが一人行っているはずですが、ふつうの望遠鏡ではそれは見えないそうです。

空の旅

むかしむかし何ごとにも運のよい男が、への字の形にまがった鉄砲《てっぽう》で雁《がん》をうつと、一発の弾がじゅんじゅんに通り抜けて、何十羽とならんでいた雁がみな落ちてきました。それをのこらず帯の間にはさんで、路《みち》を歩いているとその雁が生きかえりました。そうして高い空をどこまでもとんで、大和《やまと》のある寺の五重の塔《とう》の上に、この男を残して行ってしまいました。さあどうかしておりて来ようと思って、上から大きな声で助けを求めると、寺や村から多くの人が出て、寺で一番大きな風呂敷を、四隅を持って塔の脇にひろげました。そうしてその風呂敷の上に綿を山ほど載《の》せて、この上へ静かにとんで降りよといいました。一、二、三で飛んで降りたひょうしに、風呂敷が袋になって四隅を持った坊さんたちが、寄り合ってはちあわせをして目から火が出ました。その火が綿について風呂敷も五重の塔も、雁につながれて飛んで来た男も焼けました。そうしてこの昔話だけがいつまでも残っているという話であります。

注釈

1 **丸山**　丸山久子。一九〇九〜一九八六。昭和十七年頃から柳田のもとで仕事をするようになり、池田弘子とともに『日本昔話名彙』編纂に従事した。昔話のほか、子供の遊び・生活などを特に中心的に研究している。著作に『こどもとことば』、『陸中の隠し念仏』など。

2 **石原**　石原綏代《やすよ》。一九一五〜一九七三。柳田の指導のもと、関敬吾とともに『日本伝説名彙』の編集にあたった（日本放送協会編、昭和二十五年刊）。翻訳を多くてがけ、柳田の『先祖の話』を Fanny Hagin Mayer と共に英訳（文部省、一九七〇年刊）、またスティス・トンプソンの『民間説話』を荒木博之と共に邦訳している（社会思想社、昭和五十二年刊）。

3 **時代の災厄**　戦争をさすものか。『日本昔話名彙』の事業は、昭和十五年に日本放送協会から柳田が委嘱を受けて始まったものだが、丸山は戦争中にもその編集作業を続けており、最終的な出版は戦後の昭和二十三年である。この間、丸山は空襲で東京の自宅を焼失している。

4 **萩原正徳**　一八九五〜一九五〇。奄美大島出身。本業は写真製版業。本文にもあるように、雑誌『旅と伝説』を編集・発行していた。同誌は昭和三年の創刊、戦時下の紙の統制により昭和十九年一月の十七巻一号（通巻一九三号）で廃刊。その間、昔話のほか、婚姻、誕生と葬制など、数々の重要な特集号を発行した。

5 **中村清二**　一八六九〜一九六〇。物理学者。東京帝国大学教授。古文化財の科学的調査をはじめ広範な分野で活躍。著作に『物理実験法』など。

6　**灰坊太郎**　灰だらけの風呂たき男が長者の娘と結婚するという昔話。また、男が主人公である継子話の総称。

7　**馬方**　馬で人や荷物を運搬するのを業とする者。馬子。

8　**鷦鷯**　スズメ目ミソサザイ科の鳥の総称だが、日本に生息するのはそのうち狭義のミソサザイ。全長一〇・五センチメートル。縞模様のある黒褐色をしている。冬は人家付近、繁殖期の初夏には山地の渓流付近の森に住む。クモや昆虫を主食とする。

9　**弥彦参り**　新潟県西蒲原郡弥彦村に鎮座する弥彦神社は、越後の文化、産業の始祖神として越後地方の民衆の崇敬を集めた。そこへの参詣を指すものか。

10　**箍**　締めを堅くするために桶や樽などの外側にはめる輪状のもの。竹を割いて編んだもののほか、金属製のものもある。

11　**牛方**　牛を扱う人。また、牛を使って荷物を運搬することを職業とする者。牛追い。牛飼い。

12　**山姥**　山中に住むという妖怪。女性の姿をしているとされる。出会った者に災厄をもたらす恐ろしい存在とされる一方、福をさずけるものとして描かれる場合もある。やまんば。山女。山母。

13　**唐櫃**　被せ蓋のついた方形の大型の箱。通常、足が四本または六本ある。衣類・調度品などを入れた。からびつ。

14　**箕**　農具の一種。穀類を入れ、縁を持って揺り動かし、風にあおりながら中の塵や殻をえり分ける。

15　**うわばみ**　大型の蛇の俗称。大蛇。おろち。

16　叺　わらむしろを二つ折にし、両端を細い縄で縫って袋状にしたもの。容器として用いられ、穀物などの貯蔵・運搬に使用される。

17　こだす　東北・北陸地方における、縄や蔓などを編んで作った籠。

18　手習い　習字のこと。文字を書くことを習うこと。

19　仲間　公家や寺院などに召し使われる者。また、江戸時代、武士に仕えて雑務に従事した者。

20　三更　一夜を五等分したうちの、第三の時刻。時間帯や長さは季節によって異なるが、現在の時刻にすると、だいたい午後十時もしくは十一時前後から、零時三十分もしくは零時五十分位まで。

21　ぼっくい　杭、切り株、木片。

作成／岸本亜季（早稲田大学大学院）

あとがき

巻頭の柳田先生の序文に述べられてあるように、この本は今から三十年前、昭和五年にアルス社の児童文庫中の『日本昔話集』として初めて世に出たのでありました。当時はまだ昔話の収集が進んでいなかったので、先生は一冊の本にまとめるだけの数をそろえるのに苦心され、したがってその中には正確には昔話ということのできないものもいくつか含まれておりました。今度版を改めて出版することになったおもな目的は、そういう不適当な話を除いて、そのかわりにその後新しく採集された材料の中から選んだ昔話を補うことでありました。その結果は巻頭の分布図に示された通りであります。この補充した話の選択については二つの条件があったことを明らかにしておきたいと思います。

一つは地理的の問題でありました。できるだけ多くの違った土地の話をのせることを目標として各県からせめて一つの話を採りたいと心がけましたが、すぐれた資料が偏在しているために、ある県からは非常に多くの話が採用されているのに反し、全然空白の県がいくつかできてしまいました。これは後に述べるもう一つの問題とも相俟《ま》ってあらわれた結果でありますが、その大きな原因は、今までの採集事業が、なお全国平均に行われていなかったということであります。分布図において明らかなように、青森、岩手、新潟の諸県が他の府県にくらべてずっと濃い分布を示しているのは、これらの地方が冬が長く雪の深い地帯で、昔話を語り合う機会にめぐまれ、したがって昔話が最近まで豊富に残っていたという事実により、すぐれた研究家や採集者を生み出した結果であるということができます。

第二の条件はこの本がだいたい小学校の高学年から中学校までの少年少女を対象として作られたということで、話の内容、あるいはその語り方がこういう若い読者層にふさわしくないものはのせられなかったのであります。昔話といえばもっぱらこどものためのものと考えられがちでありますが、これは近ごろのことで、もとは男も女も老人もこれを語り、きいて楽しんだものでした。ですから昔話の中にはこども向きでない内容や表現を持ったものがたくさんあるのは当たり前のことであります。そういう大人向きの話や、あるいは語り方が素朴で荒っぽいものなどはこの本の中に採用することができなかったために、せっかくの資料でも十分に利用しえなかったものがありました。

前に述べたように空白の部分が残ったのは、単にその地方からの採集資料が少なかったという理由ばかりでなく、たとえ資料はあってもその中に適当な話を見出《みいだ》せなかったことにもよるのであります。多くの類話の中から上記のような二つの条件にかなうものを選び出したのですから、ここにのせた話が必ずしも昔話としていちばんすぐれた内容や形をもっているというわけではなく、また、必ずしも日本の昔話を最もよく代表するものを集めたというわけでもありません。もちろんなるべくすなおな、整った形で語られているものをできるだけ広い地域から選ぶことに心がけました。

一つ一つの昔話の記述のおしまいに採集地と記録の出所とを明らかにしてありますが、原則として単行本の場合には編者の名を記し、雑誌中に発表されたものはその巻、号数を明記して著者の名は省略しました。また、未発表の稿本より採用したものにはその採集者と採集地とを記しました。巻末の部分のいくつかの笑い話には、出典の書いてないものもありますが、こういう話は国中到るところにあって、特にその場所を記すにも及ばないような性質のものであります。

このほかに古い文献、たとえば『沙石集《しゃせきしゅう》』や『醒睡笑《せいすいしょう》』から採ったものを二、三残したことは、あるいは採集による昔話を編集しようとした私どものたてまえと矛盾《むじゅん》すると考えられるかもしれませんが、瘤《こぶ》取りや海月《くらげ》骨なしの話は現在も各地に伝承されていて、それと同じ形の話がすでにこれらの古い本の中に記録されていることに興味があったのでわざとそのまま残したのであります。このことはそれらの古典の書かれた時代には都の周辺にもこのような話がたくさん語られていて、たまたまその一つが著者によって記録にとどめられたことを示すものと思われます。こういう古典文学と昔話との関係は、柳田先生の『昔話と文学』という著書の中のいくつかの論文にねんごろに説かれております。

最後に巻頭の分布図について一言説明を添えますが、これには旧版から残した話と、新しく補ったものとを区別してその分布を示し、本文の昔話と対照するために、その番号と同じ数字を使ってあらわしました。

昭和三十五年四月

丸山久子
石原綏代

解説

三浦佑之（伝承文学研究者）

柳田国男が民間伝承に注目した最初の著作は、明治四十三年（一九一〇）に刊行された『遠野物語』であったが、それは、岩手県上閉伊《かみへい》郡土淵《つちぶち》村（現、遠野《とおの》市土淵町）出身の文学青年、佐々木喜善《きぜん》との、ある種偶然の出会いによって生みなされた。そして当然、その時期の柳田には、口承文芸をジャンル分類するという認識など存在しないから、『遠野物語』の伝承群は、村落の神話もあれば噂話も伝説も載せられ、果てはゴシップ記事も含まれるという、なんでもありのごった煮状態だった。そこには、のちに定義される口承文芸の一ジャンルとしての「昔話」は、数話しか採り上げられていない。そもそも「昔話」なる概念が存在しなかったのだから、「昔話」だけを選んで集めることなど不可能だった。民俗学あるいは口承文芸研究の黎明《れいめい》期を経て昔話研究が立ち現れてくるには、それなりの時間を要した。日本昔話研究の黎明期は、ほぼ柳田の研究史に重ねられるが、著作としては、昭和五年（一九三〇）から七年に書かれた論文をまとめた『桃太郎の誕生』（昭和八年）を待たねばならない。その後、『民間伝承論』（昭和九年）、『昔話と文学』（同十三年）、

『昔話覚書』（同十八年）を矢継ぎ早に発表した柳田は、その総決算といえる著作『口承文芸史考』を敗戦から二年後の昭和二十二年に出して昔話研究を締め括《くく》る。

短歌や抒情詩《じょじょう》を創《つく》っていた青年期を経て、学者官僚として農政学にかかわるところから柳田国男の学問は出発した。その後、山人論争にみられる日本人の起源論、村落の生業・生活・祭祀《さいし》・宗教・家族・習俗など民俗学と称される学問分野の確立はもちろん、日本語への関心を基盤とする方言や地名研究、教育への関心に根ざした教科書や啓蒙《けいもう》書の刊行など、その探求心は枯渇することがない。もちろん、行き当たりばったりに多方面に触手を延ばしたわけではない。日本語なら日本語について一定の期間、集中的に取り組むことで次々に成果を発表し、それがまた次の関心を生み出してゆくという、連鎖的な道筋を見いだせるのが柳田の研究のみごとさである。そのなかで昔話および口承文芸について、昭和五年前後から十数年のあいだ集中的に取り組んだのには、いくつかの理由があった。

柳田が、高木敏雄《としお》とともに雑誌「郷土研究」を創刊したのは、大正二年（一九一三）三月のことであった。高木との共同編集はわずか一年で幕を下ろすが、雑誌は大正六年三月まで続き、その後復活して昭和六年二月から九年四月まで継続される。そこでは、地方からの民俗学的な事象の報告や紹介がなされるのだが、昔話や伝説も数多く掲載される。それら各地の報告が、本書『日本の昔話』の出版に大きく貢献しており、それがまた還流するというかたちで、本書の出版が列島各地の昔話収集に大きな役割を果たした。

『日本の昔話』がはじめて世に出たのが、柳田国男が本格的に昔話研究に着手するのと同じ昭和五年（三月二十日）であるというのは、本書の性格を象徴する。刊行当初の書名は『日本昔話集（上）』、出版社アルスの「日本児童文庫」の一冊だった。奥付に「非売品」とあり、全巻予約のために分売はしなかったらしい。そこで柳田は、周辺に配ろうとして装幀《そうてい》だけを変えた本を作り、地方の研究者らに献呈したと思われる。そこには、本書によって昔話を広く人びとに知ってもらい、さらなる昔話の収集と報告を期待する気持ちがあったのではないかと想像される。もちろん、体裁も内容も、第一の目的は子ども向けに読み物を提供することだったが、そうした意図も込められていた。ちなみに、書名に「上」とあるのは、アイヌ・朝鮮・琉球・台湾の話を集めた『日本昔話集（下）』と並べられたからである（本書の書誌については、石井正己「柳田国男の昔話テクスト」『口承文芸研究』第二十号、同「解題」『柳田国男全集』5、筑摩書房」に詳しい）。

その後『日本昔話集（上）』は、昭和九年に『日本の昔話』と改題改版され、春陽堂少年文庫の一冊に入る。昭和十六年には、いくつかの話の表現を改め柳田の序を付した新訂版『日本の昔話』（三国書房）が刊行されるが、どれも版を重ね多くの人に読まれたらしい。その新訂版に付された「新訂版の始めに」の冒頭に、「この本の出版を計画しはじめた頃から、我くにの昔話蒐集《しゅうしゅう》事業は急に活気づいてきました」（本文庫、一一頁）と記されているのは、本書が多くの読者をえた証左になろう。

昔話研究の始発とともに産声を上げた『日本昔話集（上）』は、柳田が求めた口から耳へと語り継がれた話ばかりを載せることができなかったために、文献から拾われた話も収められた。そのことを柳田は、「少し話の数が足りませぬところから、近世の世間話の、稍昔話くさいものを拾つて入れてみました」と記している（昭和五年の献呈本に挟み込まれた文章、前掲『柳田国男全集』5、一一二頁）。そして、その成果が新たな『日本の昔話』を誕生させることになった。その後も出版社を変えて出ていた『日本の昔話』は、昭和二十八年角川文庫に収められ版を重ねるが、昭和三十五年、『改訂版　日本の昔話』へと姿を変える。それが、今回角川ソフィア文庫に収められる『日本の昔話』である。

それ以前の版に収めていた全一〇八話のうち四五話を削除し、残った六三話に新しい四三話を加えた一〇六話によって、『改訂版　日本の昔話』は構成されている。半分近くが新しく、それによって柳田の意図はより鮮明になる。その作業は、柳田の指示を受けた丸山久子と石原綏代《やすよ》とによってなされた。詳細は本文庫「あとがき」に記されているが、文献から引用された話は削除し、口承の話を載せた。こうした大改訂が可能となったのは、各地の採集と報告が蓄積されたからである。また改訂版には、各話ごとに伝承地と資料集の名および採集者が記されることになった。それが、収められているのは正真正銘「名も無き人」が語り伝えた昔話であることを保証する。もちろん実際はわかりやすくリライトされ、伝えられたままの話ではないが、日本の昔話における標準型が示されたのである。

昔話の分類について柳田国男は、『日本昔話名彙』（昭和二十三年）を監修し、完形昔話と派生昔話という二分類法を提起した。派生昔話には因縁話・化物話・笑話・鳥獣草木譚《たん》（動物昔話）が含まれる。それに対して、ヨーロッパの昔話研究に基づいて日本の昔話研究を推進した関敬吾《けいご》は、動物昔話・本格昔話・笑話《しょうわ》という三分類法をとり、『日本昔話集成』『日本昔話大成』に結実する昔話分類の礎を築いた。説明としてはそういうことになるが、二分類法をとる柳田が、本書においては、動物が登場する昔話、本格的な昔話、最後に笑い話を置くという三分類法を試みているのは興味深い。おそらく、西欧的な三分類から二分類に向かうという、柳田のなかでの昔話研究の進展があったと考えられる。

柳田国男の学問のなかで、口承文芸研究が大きな位置を占めたのはなぜかと考える時、彼が詩や短歌の創作から出発し文学に親和する人であったというのは重要な点ではないかと思う。また、民俗学を志した最初期に雑誌「郷土研究」をともに始めたのが、比較神話学者の高木敏雄であったということも見逃せない。『比較神話学』など多数の著作をもつ高木は、柳田より一歳年下ではあるが、すでに早く『童話の研究』（大正五年）を刊行するなど口承文芸研究では柳田に先んじる研究者であり、柳田は当然、高木の仕事を意識していたはずだ。そのまま進めば両者は、一方が国際的な比較研究を、一方が国内の昔話研究を牽引《けんいん》したに違いない。ところが残念なことに、高木は四十六歳の若さで大正十一年に没する。それから十年余りを経て、柳田国男の昔話研究は本格的に動き出す。

編集付記

・本書は、昭和三十五年改訂の『日本の昔話』(角川文庫)をもとに、昭和二十八年初版収載の「はじめに」と「はしがき」を再録したものである。

・新版にあたり、新たに注釈を付した。また本文の文字表記については、次のように方針を定めた。

一、漢字表記のうち、代名詞、副詞、接続詞、助詞、助動詞などの多くは、読みやすさを考慮し平仮名に改めた(例/而も→しかも、其の→その)。

二、難読と思われる語には、改めて現代仮名遣いによる振り仮名を付した。また、送り仮名が過不足の字句については適宜正した。

三、書名、雑誌名等には、すべて『 』を付した。

四、各話末の地名は昭和三十五年改訂当時のものであり、別に〔 〕で現在の地名を補った。

五、尺、寸、貫目などの度量衡に関する表記は、( )で現在の国際単位を補った。

・本文中には、今日の人権擁護の見地に照らして、不適切と思われる語句や表現があるが、作品発表当時の社会的背景を鑑み、底本のままとした。

日《に》本《ほん》の昔話《むかしばなし》

柳《やなぎ》田《た》国《くに》男《お》

昭和35年 5月10日　改訂版初版発行
平成25年 1月25日　新版初版発行
令和7年 10月5日　新版24版発行

発行者●山下直久

発行●株式会社KADOKAWA
〒102-8177　東京都千代田区富士見2-13-3
電話　0570-002-301(ナビダイヤル)

角川文庫 17790

印刷所●株式会社KADOKAWA
製本所●株式会社KADOKAWA

表紙画●和田三造

Printed in Japan
ISBN978-4-04-408304-5　C0139

◆◆◇